Héroes cotidianos

Pilar Jericó

HÉROES COTIDIANOS

Descubre el valor que llevas dentro

Planeta

Diagonal, 662-664, 08034 Barcelona (España)

Primera edición: febrero de 2010
Depósito Legal: B. 1.648-2010
ISBN 978-84-08-08749-6
Composición: Foinsa-Edifilm, S. L.
Impresión y encuadernación: Cayfosa (Impresia Ibérica)

El papel utilizado para la impresión de este libro es cien por cien libre de cloro y está calificado como **papel ecológico**

A los amigos y maestros que me han ayudado
a atravesar mis noches oscuras

Índice

Agradecimientos

Escribir este libro ha sido una auténtica aventura, y como toda aventura que se precie no ha estado exenta de dificultades, alguna que otra travesía del desierto y por supuesto, el apoyo de amigos y maestros. Me enamoré del concepto de los *héroes cotidianos* cuando era adolescente. Por aquel entonces, cuando estudiaba historia, me parecía injusto que sólo se recordase a quienes realizaban grandes hazañas y cayeran en el olvido aquellos que conseguían que el día a día fuera más amable. Tampoco me parecía que el propio concepto de *héroe* estuviera cerca de nuestra realidad, ya que pensaba que había muchas personas con capacidades heroicas que pasaban inadvertidas. Cuando años después comencé a trabajar en el mundo de la empresa impartiendo talleres y conferencias y participando en cursos de desarrollo personal, comprendí que efectivamente todos tenemos la capacidad de ser un héroe o una heroína cotidianos. Además, intuí que ante el miedo, las dificultades y los retos, las personas nos servimos de unas pautas similares a la hora de afrontarlos. Todo lo anterior me motivó a dar el paso y atreverme a explorar un camino que no se enmarca en el mundo de las organizaciones, sino en el de la realidad de cada uno de nosotros.

Esta aventura no hubiera sido posible sin la ayuda y generosidad de muchas personas. En primer lugar, mi editor, David Figueras y el equipo de Planeta, que creyeron y apostaron por el proyecto, y Sandra Bruna, mi agente literaria, que me ha apoyado en todo este camino. Agradezco muy sinceramente el apoyo de amigos, que me han dedicado mucho tiempo, como Juan Londoño, con quien he conversado largamente sobre cada uno de los capítulos y de quien siempre aprendo; a Isabel Carrasco, que ha leído pacientemente varias versiones del manuscrito y me ha aportado muchísimo; a Josep Gajo, Eduardo Martínez Rico, José Cabrera, Juan Carrión, por la lectura del manuscrito, por sus palabras de aliento y sus sabias sugerencias; a Xavier Guix, Ana Schack, Paco Peñarrubia, Pedro Luis Uriarte, Guillermo Sánchez Prieto y Techu Arranz, quienes me han regalo preciosas ideas que recojo en estas páginas; a Marta Romo, Sara Ferreras y Miriam Valdés por su ayuda, cariño y comprensión en todo este proceso; a Alfredo Fraile, Idoia de Paz, Enrique Alcat, Javier Fernández Aguado, Mario Alonso Puig, amigos de Thinking Heads y Ecequiel Barricart, por las oportunidades que siempre me han brindado de aprender; y a todos los amigos que he entrevistado personalmente y que han compartido sus vivencias y sus reflexiones, como Tomás Pereda, Andrés Ortiz Osés, Eudald Carbonell, Antonio Linares, Pilar Gómez Acebo, Alberto García Casillas, Manu Albert, Jordi Nadal, Eduardo Vizcaíno, Rafael Cabarcos, Laura Marí, Marcos Urarte, Pedro Rojas, Juanma Roca, amigos del Ceseden, de Gestiona y del TopTen.

Para escribir este libro, además, me he inspirado en las experiencias personales de muchas personas que generosamente han participado a través de seminarios, grupos de crecimiento personal, conferencias, entrevistas y correos electrónicos. Podemos decir que en lo referente a testimonios es un libro participativo. De hecho, en junio y julio de 2009 lancé una petición de colaboración en Internet y conté con la contribución de ciento sesenta y tres personas de España, Colombia, Chile, Argentina, Costa Rica, Estados Unidos, la India, Guatemala y Paraguay, quienes me narraron sus vivencias para salir de situaciones difíciles. Desde aquí, les agradezco mucho sus palabras.

He dedicado también este libro a mis maestros, los cuales han sido cruciales en mi vida a nivel personal y profesional. En este apartado, además de incluir a algunos amigos y familiares a los que considero como tales, me gustaría destacar la influencia de un gran maestro, Claudio Naranjo, y de Graciela Figueroa, Joan Garriga, Gustavo Bertolotto y Ros Bazán, con quienes me he sentido muy acompañada en diferentes etapas y con quienes, además, tuve la posibilidad de conversar sobre los héroes cotidianos.

Por último, agradezco muy sinceramente a los amigos que han tenido la amabilidad de leer el libro y escribir unas líneas, que se recogen al final del texto. *Héroes cotidianos* está dedicado a los amigos y me parecía una forma muy bonita de terminarlo. Me han emocionado sus palabras y agradezco todo cuanto aprendo de ellos, su apoyo y su cariño; al igual que agradezco a Marta, Nausica, Elena, Gilberto y Marga su amistad. También estoy muy agradecida a Álvaro, por todas las conversaciones, su trabajo minucioso y paciente que tanto me ayuda; a mi familia y a Fran, por su incondicional apoyo, que ha sido el aliento para atravesar esta aventura.

INTRODUCCIÓN

Invitación a la épica personal

qualified. M. L. Barker, 1408 Chap-
man Bldg.

MEN WANTED
for hazardous journey, small wages, bitter cold, long months of complete darkness, constant danger, safe return doubtful, honor and recognition in case of success.
Ernest Shackleton 4 Burlington st.

MEN—Neat-appearing young men of pleasing personality, between ages of
21 and 40 to work

Se buscan hombres para un viaje peligroso. Sueldo bajo. Frío extremo. Largos meses de completa oscuridad. Peligro constante. No se asegura retorno con vida. Honor y reconocimiento en caso de éxito.

Tienes la capacidad de ser un héroe cotidiano

El anuncio fue publicado en 1913 por sir Ernest Shackleton en el periódico *The Times* con el fin de reclutar a cincuenta y cinco marineros para la expedición *Endurance*. Recibió cinco mil candidaturas. El objetivo era alcanzar el Polo Sur desde dos barcos que partirían a la Antártida y recorrerían el continente. Sin embargo, el viaje no fue precisamente un camino de rosas. El barco en el que viajaba Shackleton quedó encallado en medio de los hielos durante dos meses, se acabó agrietando y los veintitrés hombres que formaban la tripulación tuvieron que refugiarse en la inhóspita isla Elephant, donde nadie los salvaría. Padecieron vientos polares, lluvias incesantes y sin apenas comida, Shackleton decidió acometer una de las mayores locuras de la historia: navegó junto con cuatro de sus hombres en un bote de siete metros a lo largo de mil trescientos kilómetros de mar abierto —en medio de olas de más de quince metros— hasta que consiguió llegar a la isla de South Georgia para pedir ayuda. La historia tuvo un final feliz: consiguió rescatar al resto de sus compañeros cuatro meses después, ni uno solo murió en los dos años que duró la expedición y su nombre quedó grabado en el apasionante mundo de los exploradores de la Tierra.

El irlandés Shackleton era un héroe, y tú también puedes serlo. Es posible que no recorras el Polo Sur ni te encares a olas gigantes y puede que tampoco te apetezca demasiado, pero te enfrentas a otros objetivos y obstáculos que te ponen a prueba y que a veces arrasan tu vida como auténticos *tsunamis*: despidos, rupturas amorosas, enfermedades, profundos cambios vitales, frustraciones, fracasos... Hay personas, ya sean amas de casa, jardineros, directivos o adolescentes, que son *buscadores y ejemplo de entereza, asumen el protagonismo de su vida y se comprometen con algo más que con ellos mismos.* Son aquellos que siguen adelante a pesar de las dificultades, en vez de habitar en la queja o el lamento, aprovechan la desventura como oportunidad para transformarse positivamente y ejercer una influencia positiva en su entorno. Todos son héroes cotidianos, anónimos para la historia, pero inspiradores para quienes tienen el privilegio de convivir con ellos. Y lo más importante, *tú tienes la capacidad para ser un héroe o heroína cotidiana.*

Como héroe cotidiano no necesitas medirte con personajes míticos o legendarios, ni siquiera con los históricos. Con los unos, porque nunca existieron, y con los otros, porque son excepciones entre miles de millones de personas. *Tu reto está en convertirte en el mejor proyecto de ti mismo* y ese esfuerzo debes dirigirlo en un doble sentido: hacia afuera, no conformándote con lo establecido y emprendiendo nuevos caminos; y hacia dentro, superándote a ti mismo y colaborando al mismo tiempo con otros. Y todo ello, puedes conseguirlo, independientemente de tu edad, de tu educación, de las cicatrices que arrastres o de la complejidad de los proyectos que tengas por delante. Ése es el gran secreto. No eres consciente del potencial que tienes hasta que no te enfrentas a determinadas situaciones, como le ocurrió a Shackleton. Por ello, *este libro es una invitación a la épica personal, a la búsqueda y al proceso de transformación positiva ante las dificultades.*

Tú, héroe o heroína cotidiana

Tienes la capacidad para ser un héroe o heroína cotidiana.

Es una cuestión de actitud personal

Shackleton era considerado un gran líder. Su compromiso con sus hombres fue clave desde el principio. Cuando se distribuía la ropa de invierno, los marineros la recibían primero. «Si algo falta, no falta a los marineros» era su lema. Sus decisiones eran justas, por lo que éstos acataban sus órdenes. Tuvo la habilidad de rodearse de personas muy especiales, ya en el proceso de selección de las cinco mil candidaturas pedía varios requisitos que podían considerarse excéntricos para la época: todos tenían que fregar la cubierta, incluso los médicos; y todos debían saber cantar. Esta última era condición necesaria para enrolarse en su barco. El motivo no era banal: parece ser que cuando no había nada que hacer, recordemos que se quedaron varios meses encallados entre hielos, entonaban canciones. Algo que une y hace olvidar las penas. Todo un ejemplo de capacidad de compromiso, que podemos trasladar al héroe cotidiano.

La heroicidad cotidiana es, por tanto, una actitud, no un resultado. Shackleton quería llegar al corazón del Polo Sur y no lo consiguió. Sin embargo, ha pasado a la historia por una hazaña que ni imaginaba. Lo mismo te puede ocurrir a ti. Tus deseos se enfrentan a la realidad, a los deseos de otros y a los de la naturaleza. No estás exento de padecer frustraciones, enfermedades, rupturas sentimentales o decepciones personales. Ser héroe no consiste en evitarlo, ni tan siquiera en conseguir siempre lo que se quiere, entre otras cosas porque es imposible, sino en afrontar la vida con una actitud de búsqueda, de entereza y de compromiso. Y del mismo modo que *no hay héroe sin dificultad*, no podrás desarrollar tu capacidad como héroe cotidiano sin atravesar desiertos o sufrir noches oscuras, como iremos viendo.

Todo lo que no acaba conmigo me hace más fuerte.

FRIEDRICH NIETZSCHE,
filósofo (1844-1900)

Shackleton era un ejemplo de compromiso con sus marineros, con él mismo y con su sueño. Este tipo de compromiso es precisamente lo que diferencia a los héroes de los antihéroes de las películas y de la vida real y una vez más, algo que podemos trasladar a los héroes cotidianos. *Busca y comprométete contigo mismo y con algo que te trascienda.* No te conformes, cuestiona lo establecido y aventúrate a crear un bonito proyecto de ti mismo, en colaboración con otros. No puedes desarrollar tu capacidad heroica si no te comprometes con algo que te trascienda, con unos valores amables, con otras personas.

El heroísmo está en lo que te cuesta. Puede que te atrevas a emprender grandes negocios y, sin embargo, no te sientas capaz de desprenderte de relaciones afectivas que te dañan, o viceversa. Has de identificar cuál es tu Polo Sur o tu aventura, aquello que más te duele o, incluso, aquello que te da tal seguridad que perderlo implicaría sentirte en el epicentro de un terremoto. Puede ser un puesto de dirección, una pareja o la necesidad exagerada del control. Cada uno tiene sus «olas de quince metros» y la heroicidad consiste en aprender a navegar sobre ellas.

Y por último, *puedes desarrollar tu capacidad como héroe cotidiano.* Naces con ese potencial. A pesar de la educación o de las experiencias vividas, por el mero hecho de nacer ya estás en disposición de desarrollar dicha energía. Por supuesto que hay personas que, a priori, parecen tener unas condiciones más favorables que otras, pero tenemos dos grandes ventajas, como vamos a ir viendo: la actitud depende de un gran número de decisiones personales y nuestros instintos también nos ayudan.

Confía en ti y en tu potencial

Nacer ya es heroico. La biología juega con una ruleta con más de 105.000.000.000 números y el tuyo fue ganador. La cantidad total de espermatozoides que genera un hombre cada vez que sigue el dictado de la naturaleza es de 300 millones, las mujeres en esto somos más recatadas: «tan sólo» tenemos 350.000 ovocitos al nacer, de los cuales sólo 360 son «elegidos» para madurar y ser fecundados a lo largo de nuestra vida. Así pues, eres el resultado de un juego de probabilidades muy exigente. Para hacerte una idea del número, porque nos perdemos con datos tan elevados, es como si estuvieras en un planeta con quince veces más número de habitantes del que actualmente existe en la Tierra y todos, absolutamente todos (niños, ancianos, personas de lugares remotos), tuviéramos un décimo de la lotería y te tocara a ti el gordo. Ése fue ya tu primer éxito, el biológico. Pero hay más.

Eres el resultado de 2.500.000 años de evolución. Como *Homo sapiens* tenemos tan sólo 180.000 años a nuestras espaldas, pero ha habido otras especies humanas que se quedaron por el camino, como los neandertales o *Homo heidelbergensis*, que poblaron Atapuerca. No se sabe a ciencia cierta por qué sobrevivimos nosotros y no ellos, pero independientemente de la explicación, que dejamos a los paleontólogos, estás aquí. Tu vida es el resultado del éxito biológico y evolutivo que han dotado a tu cuerpo de una maravillosa capacidad de adaptación, como le ocurre a cada uno de los mortales, incluyendo insectos, plantas y cualquier otro ser vivo. Dicha capacidad de adaptación te salva tanto de situaciones difíciles, en algún caso críticas, como de aquellas que no son tan complicadas desde un punto de vista evolutivo, como pueden ser un despido, una pérdida afectiva, un fracaso o la ruina económica. Así pues, piensa que eres un «todoterreno» en lo que se refiere a la adaptación y puedes correr tanto en autopistas como atravesar caminos de cabras. Por supuesto que hay situaciones más o menos difíciles. Aunque a ti te dolerá tu realidad inmediata, no es lo mismo vivir en democracia que en dictadura; ni enfrentarse a una enfermedad grave o a malos tratos que llevarte mal con el jefe. Nuestro instinto de supervivencia nos hace luchar por la vida, pero, cuidado, no es lo mismo sobrevivir que vivir plenamente. La capacidad de salir de las dificultades de manera positiva es lo que se denomina *resiliencia.*

El término *resiliencia* proviene del término latino *resilio*, es decir, «volver atrás», «dar un salto o rebotar», como les ocurre a las gomas elásticas cuando se estiran y regresan a su estado inicial. El concepto se comenzó a emplear en física y fue Michael Ritter quien lo acuñó en 1972 para las ciencias sociales. La resiliencia puede definirse como la capacidad del ser humano para afrontar la adversidad, superarla y ser transformado positivamente por ella. Y lo que es más importante, tú tienes dicha capacidad. Ésa es la magia de las travesías del desierto y de las noches oscuras en las que te verás implicado. Los momentos difíciles que atravesaste y atravesarás son los peajes para despertar la resiliencia, abrirte al mundo y transformarte positivamente.

n + 1!

Te caerás *n* veces, pero te levantarás una más (+1), lo que te ayudará a transformarte positivamente.

En definitiva, *confía en tu fuerza interior o en tu capacidad* n + *1!* (concepto basado en Jordi Nadal, autor de *El paraíso interior*),* lo que significa metafóricamente que te

* Barcelona, Plataforma Editorial, 2009.

caerás *n* veces pero que te levantarás una más, habiendo ganado una mayor apertura y aprendizaje hacia lo que tienes, lo que te ha tocado vivir y hacia las personas que te rodean. Si aumentara tu autoconfianza, ¿cuántas cosas diferentes te atreverías a hacer? Así pues, ante dificultades que en principio parecen imposibles, confía en ti mismo, en tu cerebro, en tu cuerpo y en tus emociones, que están perfectamente preparados para la supervivencia. *Tu capacidad de resistencia llega a límites que ni siquiera eres capaz de imaginar a priori.* Por ello, cuando te enfrentes a lo desconocido, confía. Millones de años de evolución te respaldan.

Cualidades del héroe y heroína cotidiana

Es un buscador hacia fuera y hacia dentro de sí mismo.
Confía en sí mismo y en su resiliencia (*n* + 1!).
Tiene el coraje para ser auténtico y para salvarse a sí mismo.
Tiene una sana aceptación de la vida a pesar de las dificultades.
Busca la trascendencia en sus actuaciones.
Ejerce una influencia positiva en su entorno.

Nuevo reto: héroe de ti mismo

¿Por qué hablamos de héroes? Siempre han existido héroes y heroínas a lo largo de la historia de la humanidad, cuyo legado conocemos a través de las pinturas de las cavernas, de los cuentos de tribus ancestrales, de libros de empresas, cómics o incluso de las religiones. En la Grecia Clásica, el culto por los héroes mitológicos era incluso más solemne que el de los propios dioses, porque aquéllos indicaban un camino de perfeccionamiento personal. Una de las explicaciones de la existencia de los héroes la aporta Carl Jung, uno de los padres de la psicología profunda, quien asegura que éste es un arquetipo universal, es decir, una imagen que se alberga en algún lugar de nuestra mente desde tiempos ancestrales.

Cada cultura tiene sus héroes, cada pueblo genera los suyos propios y éstos van cambiando a lo largo de la historia. Los primeros héroes luchaban contra las fuerzas adversas que provenían de la naturaleza, como en las mitologías tradicionales; después las dificultades estuvieron relacionadas con el mal representado por personas o instituciones como las famosas brujas o los terribles reinos malvados, que recogen los cuentos de los hermanos Grimm; y en la actualidad, buscamos héroes en la política, los deportes, la religión, la estética, la erótica... Algunos son belicosos, como Napoleón, Agustina de Aragón, Lara Croft y casi todos los preferidos por Hollywood; otros resultan pacíficos, como el Principito, Gandhi o Buda, pero son capaces con su actitud de movilizar a las personas y provocar cambios profundos. En medio de todos ellos, podemos situar a los héroes culturales, como Albert Einstein, Ramón y Cajal, Lou Andreas-Salomé o Ernest Shackleton. Sin embargo, el modelo de héroe tradicional está en crisis. Los valores sociales han cambiado drásticamente y ahora necesitamos nuevos referentes, más cercanos a nosotros, que nos inspiren y que no sean esclavos ni del reconocimiento social ni de comportamientos agresivos. Necesitamos héroes que sean integradores y que se entreguen a sus noches oscuras para renacer fortalecidos de ellas. Dichos héroes son los héroes cotidianos.

A pesar de las diferencias, todos los héroes tienen algo en común, en opinión del filósofo Andrés Ortiz Osés, se salvan o salvan su entorno de algún impedimento para poder sobrevivir: «Triunfe sobre un dragón, una pasión, una amenaza, una prohibición insana o un peligro grave para la supervivencia.» De hecho, los primeros pueblos indoeuropeos se referían a los héroes como *seros*, es decir, «protectores», que eran a su vez los más fuertes y los más ancianos (*seros* comparte raíz con la palabra *servare*, «salvaguardar») y en la antigua Grecia las tumbas de los héroes se situaban en las entradas de las ciudades precisamente para salvaguardarlas de los peligros.

Pues bien, *los héroes cotidianos también se salvan*, no de las posibles guerras como ocurría sobre todo antaño, ¡y menos mal!, sino se salvan *a sí mismos de las dificultades, del dolor de sus propias sombras o de los momentos de desesperación personal*, en opinión de uno de los mayores expertos en la materia. Y sólo cuando lo consiguen, resultan un ejemplo para otros:

> No es la sociedad la que habrá de salvar y guiar al héroe creador, sino todo lo contrario. Y así cada uno de nosotros comparte la prueba suprema no en los brillantes momentos de las grandes victorias de su tribu, sino en los silencios de la desesperación personal.
>
> JOSEPH CAMPBELL,
> antropólogo estadounidense (1904 -1987)

En definitiva, los héroes se salvan a ellos mismos o a su entorno. Desarrollar la capacidad de héroe cotidiano significa asumir un principio: *sólo tú te salvas.* Nuestra educación de niños y niñas buenos tenía una sutil trampa: si te portabas bien, serías recompensado. Y parece que esa enseñanza la llevamos muchas veces grabada a fuego en nuestro interior, cuando pensamos que alguien nos va salvar, ya sea el Estado, la empresa o cualquier organismo sin cara. Pero como se diría en informática, «fallo del sistema». Nadie lo va a hacer. Es más fácil culpar a otros que asumir la propia responsabilidad. Por eso, nos cuesta sentirnos protagonistas de nuestras vidas y optamos por el papel de víctimas. Es más cómodo encasquetar el error a otros si las cosas no van bien, mientras nosotros nos sentimos «libres» de toda culpa. Sin embargo, el precio que pagamos también es alto, porque el error asumido te permite «errar», es decir, explorar nuevas posibilidades. El héroe cotidiano no espera la intervención desde fuera, la busca hacia adentro, asume su responsabilidad y vive el camino para encontrar la solución. Ésa es la fuerza necesaria para salvarse a sí mismo.

El camino para ser un héroe cotidiano

Redoble de tambores. Quieres cambiar algo en ti para conseguir una vida más plena o te enfrentas a una dificultad. En este momento has dado el primer paso en «la senda de los héroes cotidianos». Vas a comenzar un camino lleno de sorpresas y oportunidades, de soledad y colaboración *vas a vivir una aventura que te va a permitir conocerte más a ti mismo o a ti misma y a transformarte positivamente como persona.* En la medida en que conozcas el camino, te será más fácil transitarlo y reforzarás tu capacidad heroica. Las distintas etapas que lo conforman se aprecian en los mitos, en los cuentos tradicionales y en las leyendas, como estudió en detalle Josep Campbell. Y no olvides que éstas provienen de la sabiduría popular, cuyo objetivo es enseñarnos de forma sencilla cosas importantes sobre la vida, algo que Hollywood ha sabido incorporar «sabiamente» a sus películas.

Neo, el protagonista de *Matrix*, se lanza a la aventura cuando rechaza la pastilla azul que le proporcionaría una vida cómoda, pero alienada, y elige tomar la pastilla roja que le permitirá ser dueño de su destino. Tras una fase de duro entrenamiento vencerá al poderoso y odiado agente Smith y liberará a una humanidad sometida. Braveheart, Bambi, Buda, Ulises, Cenicienta, Siddhartha, Karate Kid, Manuela Beltrán, el Cid, Shrek... Todos ellos siguen un patrón parecido de comportamiento, en opinión de Josep Campbell, quien, por cierto, inspiró a George Lucas para el guión de *La guerra de las galaxias*, como cuenta Eduardo Martínez Rico en su libro. No es de extrañar que sus primeras películas tuvieran vocación mitológica, aunque fuera galáctica.

> Hay dos maneras de vivir la vida: una como si nada fuera un milagro, la otra es como si todo fuera un milagro.
>
> ALBERT EINSTEIN, científico alemán nacionalizado estadounidense (1879-1955)

Todo lo anteriormente comentado puede ser considerado como una interesante información cultural, pero ahora piensa en ti y en alguna dificultad que hayas superado en el pasado. ¿Qué hiciste? Es posible que ante un suceso importante, al principio negaras o relativizaras su impacto, vivieras el miedo o la rabia; más tarde lo aceptaras, aprendieras lecciones durante el proceso que hasta entonces desconocías y al final lo superaras, puede que con alguna cicatriz, pero lo conseguiste. Como es lógico, no hay un patrón fijo, ya que cada persona y circunstancia exige respuestas diferentes, y aunque no es lo mismo una pérdida afectiva que la frustración por un cambio de destino laboral, hay muchos rasgos comunes. De hecho, hasta los autores que se han especializado en el análisis del proceso de duelo por la pérdida de un ser querido o por enfrentarse a una enfermedad mortal, como Elisabeth Kübler-Ross o Nancy O'Connor, recogen fases más o menos parecidas. Lógicamente, en estos casos las emociones son mucho más pronunciadas, dolorosas y el proceso requiere bastante más tiempo.

Pues bien, ante la búsqueda o las dificultades, si quieres vivir una vida plena, tendrás que adentrarte en la «senda del héroe cotidiano» o en el camino para transformarte positivamente, que hemos recogido en la figura y en la tabla de la página siguiente. Por supuesto, no son fases lineales, sino que se solapan entre sí e, incluso, hay momentos donde parece que se regresa a etapas anteriores. *En la medida en que conozcas cada una de las fases, las comprendas, entiendas cuáles son los objetivos, los desafíos y las distintas opciones a tu alcance, podrás acelerar el proceso.* Conseguirás salir de (casi) todas las circunstancias. Tu reto es, por tanto, atreverte a buscar y alcanzar cuanto antes una vida plena sin resentimientos, victimismos ni sufrimientos innecesarios. Posiblemente, la sabiduría de los maestros se base en haber atravesado muchas veces la senda de los héroes. ¿Por qué no puedes conseguirlo tú?

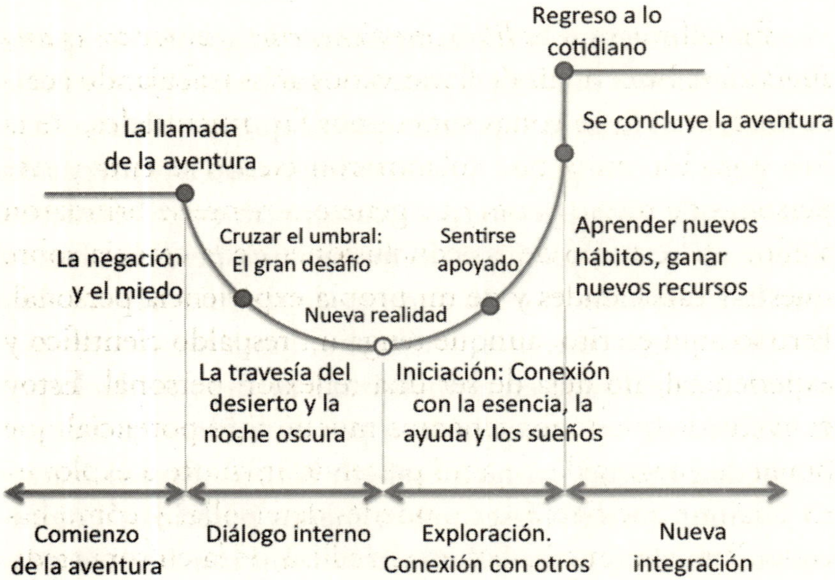

La senda de los héroes cotidianos

- Atender la llamada de la aventura y comprenderla como una invitación de la vida.
- No negar ni el miedo ni la sombra, confrontarse con uno mismo y dar el paso.
- Identificar la sombra, atravesar el desierto personal y vivir la noche oscura.
- Comenzar el proceso de iniciación y explorar una nueva realidad: conectarse con la esencia, apoyarse en amigos o maestros y volver a soñar.
- Adquirir nuevos hábitos y ganar recursos personales.
- Enfrentarse con la sombra, terminar la aventura y regresar a lo cotidiano.

¿Cuáles son los retos de cada una de las etapas de la senda de los héroes cotidianos?

En definitiva, *este libro que tienes entre tus manos es una invitación*. Nace a raíz de llevar varios años trabajando acerca de cómo las personas superamos las dificultades, de la investigación en la que colaboraron ciento sesenta y tres personas de nueve países que generosamente se brindaron a ello,* del estudio de las conclusiones de la ciencia sobre nuestras capacidades y de mi propia experiencia personal. Pero lo aquí escrito, aunque tenga un respaldo científico y experiencial, no deja de ser una reflexión personal. Estoy convencida que todos tenemos mucho más potencial que poner en juego y desde aquí pretendo invitarte a explorarlo, analizar qué habilidades puedes desarrollar y cómo hacerlo. Para ello, me basaré en el análisis de la cultura tradicional, de los héroes de la mitología, de la historia y de los cuentos populares, así como de los hallazgos de la ciencia. Todo ello nos dará pistas pero, recuerda, sólo tú te salvas. Sólo tú eres héroe para ti mismo. Ése será el resultado final de la senda del héroe cotidiano que te invito a explorar conjuntamente a partir de estas páginas.

La senda de los héroes y heroínas cotidianos

Todas las personas desarrollamos nuestro héroe cotidiano siguiendo un patrón más o menos similar y respondiendo a los retos a los que nos enfrentamos en cada una de las etapas.

* En mi página web, www.pilarjerico.com, recojo las conclusiones del estudio y un anexo sobre la crisis del héroe tradicional.

Cuando emprendas tu viaje a Ítaca
pide que el camino sea largo,
lleno de aventuras, lleno de experiencias.
No temas a los lestrigones ni a los cíclopes
ni al colérico Poseidón,
seres tales jamás hallarás en tu camino,
si tu pensar es elevado, si selecta
es la emoción que toca tu espíritu y tu cuerpo.

[...]

Ten siempre a Ítaca en tu mente.
Llegar allí es tu destino.
Mas no apresures nunca el viaje.
Mejor que dure muchos años
y atracar, viejo ya, en la isla,
enriquecido de cuanto ganaste en el camino
sin aguardar a que Ítaca te enriquezca.

Ítaca te brindó tan hermoso viaje.
Sin ella no habrías emprendido el camino.
Pero no tiene ya nada que darte.

Aunque la halles pobre, Ítaca no te ha engañado.
Así, sabio como te has vuelto, con tanta experiencia,
entenderás ya qué significan las Ítacas.

CONSTANTINO PETROU CAVAFIS (1863-1933)

La senda de los héroes cotidianos

1. La llamada a la aventura

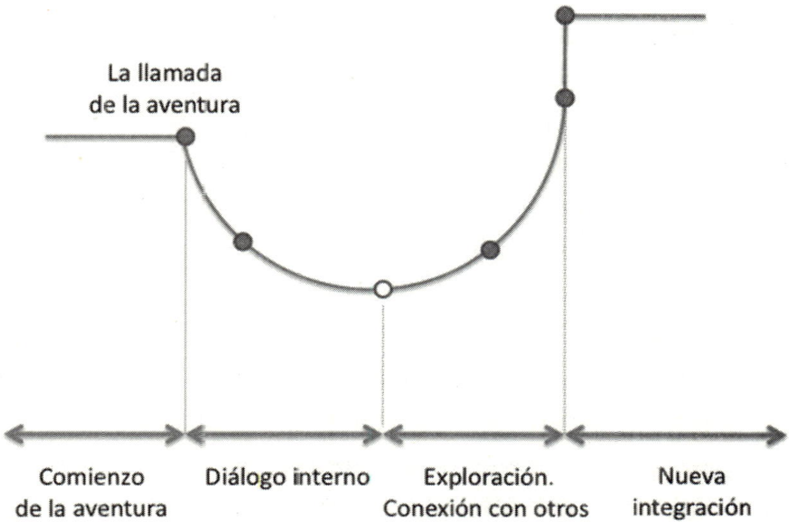

Alicia en el País de las Maravillas entra en un mundo apasionante cuando sigue al conejo que corre como un loco. Al igual que le ocurre a Neo en la película *Matrix* cuando sigue, curiosamente, a otro conejo blanco; o a Teseo, héroe de la mitología griega, cuando conoce la historia del Minotauro. En muchos casos, los héroes y heroínas de los cuentos, películas y mitos comienzan su camino de una forma casi fortuita. En otras ocasiones, es él o ella quien decide ir en busca de los retos sin que nada los obligue, como le ocurre a don Quijote o a los exploradores. En ambos casos, sea por algo inesperado o buscado, cuando salen del espacio en el que se sienten cómodos y se enfrentan a la incertidumbre es cuando comienza la aventura.

La Real Academia Española define *aventura* como una «empresa de resultado incierto o que presenta riesgos» y visto así, no cabe duda que *nuestra vida está llena de aventuras.*

Aunque no salgas de tu ciudad o de tu país, te enfrentarás a encrucijadas y a cambios de circunstancias en la vida, como emprender un proyecto o una relación, padecer una enfermedad, comenzar un nuevo trabajo, tener un hijo, ir a estudiar o trabajar a otro lugar, enfrentarte a algo de tu carácter que quieres cambiar o incluso afrontar un trabajo creativo. En cualquier caso, tendrás desafíos profesionales o personales cuyo futuro será incierto, vivirás emociones insospechadas y como buena aventura que se precie, encontrarás dificultades. No existe ningún héroe histórico, ni en los mitos ni en las películas, sin un reto al que mirar a los ojos. Neo se enfrenta a *Matrix*, Agustina de Aragón lucha contra el ejército napoleónico y el Principito va a conocer planetas inexplorados. Igual nos ocurre a nosotros. Seguramente muchas de las dificultades que has vivido no las hubieras incluido en la lista de deseos de tu carta a los Reyes Magos, pero como hay cosas que no puedes escoger, al menos, el reto está en aprovecharlas como una oportunidad de aprendizaje y de transformación positiva de ti mismo. Ése es el espíritu de la aventura y con el que comenzamos a partir de ahora.

Llamados por el cielo o por el trueno

La llamada de la aventura puede ser de dos tipos: por la llamada del cielo o por la llamada del trueno, según Techu

Arranz, profesora de Qi Gong, PNL y *Coaching*. *La llamada del cielo simboliza las aventuras que nosotros buscamos conscientemente*, porque estamos deseosos de vivir nuevas experiencias, como le ocurrió a don Quijote cuando marchó contra los molinos de viento y como nos sucede a nosotros cuando nos embarcamos en un cambio personal o profesional. Los buscadores se mueven por este tipo de llamada y aunque la aventura sea elegida, ésta no está exenta de problemas o de dificultades que tendremos que sortear.

La llamada del trueno, sin embargo, *sucede cuando aparece algo insospechado que hace tambalear el suelo que nos sostiene*, como cuando Luke Skywalker recibe el aviso de la princesa Leia, o cuando Gandalf le dice a Frodo que su anillo es, en realidad, el Anillo Único. En nuestro caso, tenemos que incluir nuestra propia ristra de sucesos inesperados, como las pérdidas afectivas, un despido, unas expectativas defraudadas o incluso, la disminución de determinadas habilidades físicas que teníamos. Muchos de estos sucesos son *cisnes negros*, en palabras de Nassim Nicholas Taleb, quien toma la metáfora de un hecho real que ocurrió en 1697. Hasta entonces, en Europa se pensaba que sólo existían los cisnes blancos, pero exploradores provenientes de Tasmania sorprendieron al mundo con ejemplares de cisnes negros. Y lo más importante, el descubrimiento llegó por sorpresa, ya que ¿quién podía imaginar algo así? Pues bien, muchos truenos aparecen en nuestras vidas sin que hayamos podido preverlos y en la mayoría de los casos ni tan siquiera imaginarlos.

Aventura

La vida está llena de aventuras a las que te enfrentarás porque seguirás las llamadas del cielo (algo que buscas) o las llamadas del trueno (sucesos inesperados).

En tu vida encontrarás muchas llamadas de trueno, algunas serán positivas, como un ascenso inesperado o la llegada de un hijo cuando se había «tirado la toalla» y se había adoptado uno; y otras serán dolorosas, como la enfermedad de un ser querido o cometer un error importante. Aunque este punto es matizable, ya que ni todos los truenos tienen la misma intensidad ni a todo el mundo les impactan del mismo modo, como la ciencia ha puesto de relieve. Un estudio de la Universidad Wake Forest analizó el cerebro de diecisiete personas voluntarias a través de un sofisticado escáner mientras sufrían distintas intensidades de dolor en la pierna derecha (no cabe duda de que hay voluntarios para todo). Las personas que lo soportaban mejor eran aquellas cuyo cerebro generaba endorfinas al recibir una descarga, una hormona que actúa como analgésico para impedir el sufrimiento, una especie de aspirina natural. La conclusión del estudio fue que el nivel de resistencia al dolor depende tanto de variables genéticas como de aspectos personales, como el carácter o las experiencias pasadas. Si aplicamos estas conclusiones a la forma de entender los cisnes negros, no es de extrañar que haya personas que tengan una predisposición más positiva que otras a aceptar o superar determinados acontecimientos, aunque haya situaciones universales de dolor, como la pérdida de un ser querido o una separación traumática.

En definitiva, la vida está llena de aventuras y vivirás cisnes negros que serás incapaz de prever, por mucho que intentes buscar el control en tu vida. Si lo contemplas desde ese punto de vista, aunque a veces sean difíciles de asimilar, aceptarás que *las dificultades forman «parte del guión»* y las interpretarás como invitaciones de la vida para conocerte más a ti mismo o ti misma y desarrollar tu capacidad heroica. Y recuerda: no hay héroe sin desafío ni llamada y *tu objetivo como héroe cotidiano está en vivir las aventuras de la vida con plenitud, siguiendo las llamadas del cielo o del trueno* aunque, no nos engañemos, estas últimas son más difíciles y puntúan más en la «tarjeta heroica de puntos», precisamente por la forma en la que actúa nuestra mente ante la incertidumbre.

Cisnes negros

En tu vida aparecerán cisnes negros (enfermedad, despido, pérdidas afectivas) y tu reto será afrontarlos, ya que es imposible evitarlos.

Buscar hacia dentro y hacia afuera

Hacer y reflexionar

Antxon Arza es un hombre fuerte, optimista, que derrocha entusiasmo en sus palabras y que vivió una fuerte llamada del trueno. Es miembro del programa televisivo *Al filo de lo imposible* y en Venezuela, en un salto con piragua de quince metros en el año 2000 cayó en horizontal, lo que equivale a haber caído sobre cemento en vez de sobre agua. El accidente le dejó parapléjico. Cuando supo que no volvería andar y pasó los cinco meses más duros de su vida en un hospital, comenzó una nueva vida, consciente de la suerte que había tenido. «He tenido una segunda oportunidad. Cuando juegas al póquer sabes que puedes perderlo todo, pero es sólo una pérdida económica. Cuando apuestas fuerte en actividades de riesgo como las nuestras, lo que está en juego es la vida, y cuando puedes contarlo, estés como estés, eres consciente de que muchos otros compañeros estarían encantados en tu situación, pero ellos no tuvieron la suerte de elegir y se quedaron por el camino.» Antxon exploró nuevas posibilidades y se descubrió a sí mismo. Sigue con su negocio, monta en piragua, bucea, viaja, da conferencias y disfruta de la vida y de los suyos plenamente. Como él dice, «la silla de ruedas está debajo del trasero, no en la cabeza». Indudablemente, tiene altísimas dosis de valentía personal y para mí es un claro ejemplo de héroe cotidiano.

Quizá no tengas madera de aventurero, pero puedes vivir situaciones que arrasan tu vida como un *tsunami*, como le ocurrió a Antxon Arza. Como héroe cotidiano *no has de conformarte con lo establecido, ¡emprende nuevos caminos dentro de tus posibilidades!* Debes ser un buscador. Pero, cuidado, una aventura sin autorreflexión es como visitar París y verlo desde el objetivo de la cámara de vídeo. Cuando eso sucede, te estás perdiendo algo importante. *El buscador no sólo hace, sino también reflexiona sobre lo que hace.* Ya lo dijimos, el camino es de doble sentido: hacia afuera y hacia dentro de ti mismo y una llamada a la aventura tiene los dos sentidos. Si no hay doble dirección, no hay una búsqueda plena ni un desarrollo de la actitud del héroe cotidiano.

¿Qué es lo que te mueve a cambiar de pareja o de trabajo sin parar? ¿O a aborrecer cualquier tipo de cambio por minúsculo que sea? Sin embargo, la búsqueda hacia dentro es mucho más difícil. Y como dice Mario Alonso Puig: «Muchas veces la aventura no consiste en viajar a una selva o a un inmenso desierto, sino en atrevernos a explorar y a desarrollar nuestro verdadero potencial.»

Buscador

La búsqueda es un camino de doble sentido: hacia afuera y hacia dentro de ti mismo.

La búsqueda más difícil

Muy tarde, por la noche, Nasrudín se encuentra dando vueltas alrededor de una farola, mirando hacia abajo. Pasa por allí un vecino.

—¿Qué estás haciendo, Nasrudín, has perdido alguna cosa? —le pregunta.

—Sí, estoy buscando mi llave.

El vecino se queda con él para ayudarle a buscar. Después de un rato, se unen a la búsqueda varios vecinos, hasta que pasado un tiempo, ya cansados, le preguntan:

—Nasrudín, hemos buscado tu llave durante mucho tiempo, ¿estás seguro de haberla perdido en este lugar?

—No —dice Nasrudín.

—¿Dónde la perdiste?

—Allí, en mi casa.

—Entonces, ¿por qué la estamos buscando aquí?

—Porque aquí hay más luz y mi casa está muy oscura.

La búsqueda interior es, si cabe, más difícil todavía que muchas otras hazañas, porque implica buscar en lugares oscuros, como recoge este cuento sufí. *La auténtica aventura nos va a confrontar con nuestra sombra*, es decir, con nuestras inseguridades o miedos, como asumir el fracaso ante un proyecto, la sensación de perder el control en una relación de pareja o las dudas a la hora de emprender un negocio. Como hace el protagonista del cuento, nuestra tendencia puede consistir en refugiarnos o en buscar en lugares con «luz artificial», como son las excusas o las negaciones del tipo «no, si no pasa nada». El opuesto del héroe cotidiano prefiere vivir en su torre de marfil de la falsa seguridad antes que ponerse delante de un espejo en el que se reflejen sus sombras. De alguna manera es quien jamás alberga espacio para la duda de sí mismo y se pasa la vida defendiendo su razón. Y ahí está la trampa: tus creencias te poseen, te esclavizan. La certeza te hace perder la libertad, por eso en el budismo se habla del «vacío fértil», es decir, dejar espacio al no saber, lo que en Occidente nos da muchísimo vértigo. *Quien está muy seguro de todo, está lejos de ser un buscador y de ser un héroe cotidiano*, al igual de quien se resigna ante lo que le ha tocado vivir. La resignación es la falta de acción y es diferente a la aceptación. Aceptamos lo que no podemos evitar o aquello que no está en nuestras manos. La resignación lo es a priori de cualquier intento de cambio y de búsqueda y está relacionada con actitudes sumisas, las cuales, son la antítesis del espíritu de héroe cotidiano.

Busca donde más te cuesta

La búsqueda interior es la más difícil,
porque te confronta con tus miedos.

Otra de las dificultades por la que no buscamos la llave donde puede estar es porque *la búsqueda interior es un billete de partida de un viaje del que no se conoce el destino.* Cuando buscas, encuentras pero posiblemente no lo que inicialmente ibas buscando. En la mayor parte de los casos, se encuentran cosas más valiosas de las que inicialmente podría pensarse, pero la valentía consiste en asumir la incertidumbre de todo el proceso y la sensación de pérdida de control, lo que a nuestro cerebro le incomoda, como ha demostrado la ciencia.

Tras analizar la actividad neuronal de las ratas, científicos de la Fundación Champalimaud de Lisboa han demostrado que los roedores se muestran prudentes y se abstienen de tomar decisiones en momentos de incertidumbre. Con este experimento se cae otro proceso que parecía exclusivo de los humanos (uno más): el resto de compañeros del mundo animal valora las posibilidades de ganar o perder antes de tomar decisiones. En resumen: a nuestro cerebro mamífero le fastidia la incertidumbre, absolutamente a todos, aunque siempre hay grados.

Sin embargo, aunque a tu cerebro le incomode la incertidumbre de manera natural, tu cuerpo es cambio. Para corroborarlo, permíteme aportar algunos datos. Cada veinticuatro horas, las células de tu páncreas se renuevan; cada treinta días lo hace el 98 por ciento de las proteínas de tu cerebro; tu piel pierde cada segundo más de cien mil células (ése es el origen de la mayor parte del polvo de las casas, nuestras células muertas; visto así, es algo positivo) y en definitiva, cada siete años se renuevan absolutamente todas las células de tu cuerpo. Eres otra persona. Así pues, si somos seres cambiantes y nuestras vidas están llenas de cisnes negros, no cabe duda de que tenemos varios desafíos por delante.

> La verdadera profesión del hombre es encontrar el camino hacia sí mismo.
>
> HERMANN HESSE,
> escritor y pintor suizo (1877-1962)

Sugerencias para atender la llamada

El objetivo final de esta etapa de la senda del héroe cotidiano es *atender a la llamada*. Veamos algunas sugerencias para conseguirlo.

Primero, *acepta que la incertidumbre forma parte de la vida*, lo que te va a implicar una inversión extra de energía. De manera natural, ante una llamada del trueno o del cielo, no te enfades, ni te molestes o contraríes. Si la entiendes como parte del guión, te será más fácil de sobrellevar. Además, no pienses que las dificultades aparecen en el peor momento. ¡Nunca hay un buen momento!

Segundo, *olvídate de buscar el control absoluto para evitar la incertidumbre en tu vida*, sencillamente, porque es imposible. Los cisnes negros aparecerán cuando menos te lo esperes, y hasta en situaciones provocadas por uno mismo, como cuando estamos muy ilusionados por vivir en otro país y pasamos por momentos difíciles al hacerlo. Algo que ni imaginábamos, para lo que no estábamos ni prevenidos ni preparados. La búsqueda del control extremo en el terreno de los mitos y cuentos equivaldría a haberle dado a Alicia una cartografía detallada, con mapas del Google Earth del País de las Maravillas o a Ulises un navegador TomTom último modelo para que no estuviera perdido tantos años fuera de su casa.

Yo soy inmortal hasta que se demuestre lo contrario.

GROUCHO MARX, actor (1890-1977)

Tercero, *no vivas angustiado por lo que pueda ocurrir.* Sólo se vive una vez y las frustraciones, enfermedades, e incluso la muerte no son sino parte de la aventura. Ya lo hemos dicho, el reto es evitar el victimismo, la queja o el resentimiento. No sirven para nada y te hacen perder energía que podrías utilizar para lo que realmente importa: vivir la vida con plenitud. Tampoco te enfades con las dificultades o contigo mismo por no haberlas previsto. Los cisnes negros, me temo, son más poderosos que cualquier cerebro.

Cuarto, *no te resignes.* La resignación es la muerte de cualquier llamada a la aventura. Cuando uno adopta actitudes sumisas, piensa que lo que vive es normal y opta por la pasividad. Ése es el problema del maltrato entre iguales en los colegios, según un estudio de la Universidad de Granada de 2009. La mayor parte de los 1.237 niños entrevistados consideraron que el maltrato es algo normal. Y, cuidado, *habitual no significa normal.* ¿No pasará lo mismo en tu vida, en otros aspectos? ¿Qué cosas habituales estás asumiendo como normales sin buscar otros caminos de salida? No olvides que la mejor manera de anestesiar y manipular a una sociedad es el fomento de creencias de resignación. Si quieres ser un héroe cotidiano, sé valiente y cuestiona. No te resignes y atrévete a rechazar aquello que no te gusta o incluso, aquello que jamás cuestionarías (lógicamente, no estamos hablando de aquellas decisiones éticas que impiden hacer daño a otros). Como lo resumió una persona maravillosamente: «Después de cuarenta años, me di cuenta de que podía terminar con una relación que me hacía mucho daño cuando comprendí que podía ser feliz estando solo.» La trampa está en la falsa «seguridad» que nos aportan determinadas situaciones. Y si no lo hacemos, no nos justifiquemos diciendo «yo soy así». Somos libres para decidir hasta en situaciones extremas.

Quinto, *date permiso para explorar otras realidades.* Si estás buscando en tu interior, identifica aquello que piensas que te da seguridad, como ser perfeccionista, un gran triunfador, un *evitador profesional* de conflictos y cuestiónate. ¿Realmente te sientes realizado en tu vida, en tu trabajo y en tus relaciones afectivas? ¿Qué ocurriría si no fueras así, como eres? ¿Cómo serías si no estuvieras en esa relación, en ese puesto o en esa ciudad que tanta seguridad te dan? En el fondo, se trata de desarrollar una actitud inconformista y constructiva de uno mismo, como dice Juan Carrión, autor del libro *Culturas innovadoras 2.0.** Inconformista, porque cuestiona y no acepta a priori; constructiva, porque lo utiliza para crear una realidad más amable. Por ello, sé curioso contigo mismo. Seguro que tienes muchas habitaciones interiores sin abrir y ten en cuenta que existen infinitas opciones de vivir, puede que incluso más plenas que las actuales. La búsqueda comienza con la pregunta, con la curiosidad de atreverse a ser de un modo diferente y con la valentía de asumir la incertidumbre durante todo el camino. Comienza, en definitiva, cuando te das permiso para salir de tu zona de seguridad personal y no te resignas a lo que, supuestamente, te ha tocado vivir. Así ocurre en el mundo de los mitos y así sucede con los héroes

* Madrid, Lid, 2009.

cotidianos, quienes no se conforman y buscan para ellos y para otros una vida mejor.

Sexto, *comprende que cada dificultad es una invitación de la vida a buscar en ti, a conocerte mejor, a revisar tus principios y a dar lo mejor de ti mismo.* Es como si te vieras obligado a subir a un trampolín desde el que hacer un triple salto mortal cuando ni tan siquiera te acercabas a la piscina por miedo a caerte. Más allá de las adversidades universales, te vas a enfrentar a tu propio trampolín: hay personas para las que un despido se asemeja al *Titanic*, a barco grande que se hunde; para otras, la ruptura con su pareja implica una profunda agonía; y a muchos militares les da más miedo la pérdida del prestigio o del honor que la de su propia vida. Sin embargo, recuerda la cita oriental que nos dice: «*La vida nos enfrenta a dificultades que tienen nuestra talla*», aunque a veces nos puedan parecer más poderosas. Ésa es tu capacidad de dar lo mejor, que el poeta Antonio Machado recoge tan dulcemente en su poesía: de la amargura también nace la miel.

> *Anoche cuando dormía*
> *soñé, ¡bendita ilusión!,*
> *que una colmena tenía*
> *dentro de mi corazón.*
> *Y las doradas abejas*
> *iban fabricando en él*
> *con las amarguras viejas,*
> *blanca cera y dulce miel.*
>
> ANTONIO MACHADO

Como resumió una heroína cotidiana cuando perdió a su marido con menos de treinta y cinco años, y con tres niños pequeños: «Si no hubiera tenido esa experiencia, nunca hubiera sabido de lo que era capaz. Mi desarrollo profesional y personal, en parte, es debido precisamente a este suceso. Mis hijos me aprecian y me valoran seguramente mucho más que en circunstancias normales. Y eso lo noto y es una sensación maravillosa. No deja de ser un reconocimiento al esfuerzo realizado.» Podríamos resumir este desafío en una sencilla fórmula:

> Dificultad = una invitación de la vida a buscar dentro de ti, a dar lo mejor de ti mismo y a transformarte positivamente.

En definitiva, el objetivo final es *atender la llamada*, es decir, aceptar la invitación de la vida y confiar en toda la capacidad de adaptación biológica y evolutiva que tienes para la aventura. En otras palabras, atreverte a emprender ese proyecto o esa relación que sueñas o ese cambio que deseas, o atreverte a mirar a los ojos a la enfermedad, o al dolor, o a la culpa que te daña, es decir, a la invitación que tengas en ese momento encima de la mesa. Aceptar la llamada es el principio de la grandeza del héroe cotidiano.

Claves de la etapa de la senda:

LA LLAMADA A LA AVENTURA

En esta etapa de la senda de los héroes cotidianos el reto está en atender la llamada de la aventura, sea del cielo o del trueno, y comprenderla como una invitación de la vida. Para ello, te enfrentas a los siguientes desafíos:

— Acepta que la incertidumbre forma parte de la vida.
— Olvídate de buscar el control absoluto para evitar la sensación de incertidumbre.
— No vivas angustiado por lo que pueda ocurrir.
— Rechaza la resignación. *Habitual* no significa *normal*.
— Explora nuevas realidades, sé curioso contigo mismo.
— Comprende que cada dificultad es una invitación de la vida para conocerte mejor, revisar tus principios y transformarte positivamente.

Preguntas para la reflexión

— ¿Cuál es tu llamada en estos momentos? ¿Es llamada del cielo, algo que tú vas buscando, o llamada del trueno, algo que te ha ocurrido de manera inesperada?
— ¿Qué grado de incertidumbre te genera?
— ¿Qué zonas de ti mismo no te atreves a cuestionar?
— ¿Hay algo en tu vida a lo que te estés resignando?
— ¿Hay algo que estás viviendo como normal y que sin embargo, la gente que te quiere no ve del mismo modo?
— ¿Cómo sabrás que has atendido la llamada o la invitación? ¿Qué sensaciones se deberán producir o qué deberás hacer?

2. El miedo y la negación de la realidad

La llamada a la aventura no siempre es atendida de inmediato. En la obra de George Lucas, Luke Skywalker continúa tan tranquilo con su vida e ignora la petición de ayuda de la princesa Leia. En la película *Matrix*, Neo no sigue las instrucciones de Morfeo en su primer contacto telefónico por miedo. Hemos dicho que la aventura comienza con una llamada y que el reto del héroe es atenderla, pero no siempre ocurre así, por un motivo muy sencillo: por miedo y por la negación de la realidad. Y lo mismo nos ocurre a nosotros.

Todos tenemos miedo, nacemos con él y éste va variando conforme transcurren los años. Debido al miedo, *negamos la realidad cuando no estamos preparados para asu-*

mirla y tenemos un sinfín de argumentos para autoconvencernos: «No, si me he ido yo de la empresa. No me han echado.» O: «Me ha venido bien que mi pareja haya roto esta relación porque no íbamos a ninguna parte.» Puede que lo anterior sea cierto, pero no está exento de dolor y si no tomas conciencia del mismo, provocas cierres en falso que te afectarán en tus futuras relaciones personales y profesionales. Las aventuras más heroicas te enfrentan a ti mismo, ya lo hemos dicho. En la medida en que niegues el dolor, el miedo o evites afrontarlo, el proceso se ralentizará. En las películas lo resuelven de una manera fácil: si el héroe no da el paso, los acontecimientos se precipitan, como le ocurre a Indiana Jones, que ha de ir a buscar el santo grial porque de otro modo su padre morirá. En nuestro caso, no es tan sencillo. Si mantienes una negación o una contradicción interna, puede que te adentres en una crisis aún más acentuada.

Por ello, en este capítulo te invito a ver el impacto del miedo, cómo funciona nuestra mente, porqué negamos la realidad, buscamos excusas y justificaciones, y por último, qué podemos hacer para abandonar las negaciones y atravesar el umbral.

Mirar el miedo a la cara

El *sheriff* Kane, protagonista de la película *Solo ante el peligro*, decide irse del pueblo y poner a salvo su vida cuando se entera de que el forajido que había encarcelado regresa para matarle. Ya lo hemos dicho, los héroes, sean de películas, cuentos o de mitología, no siempre aceptan la llamada a la aventura por miedo a lo que pueda ocurrir. Igual nos ocurre a nosotros cuando no nos atrevemos por miedo a hacer algo que pudiera apetecernos o nos resultara beneficioso, como realizar una presentación en público, abordar un cambio o enfrentarnos a nuestras propias debilidades. Todo ello tiene una explicación biológica. Sin duda alguna, el miedo es el «rey del mambo» de nuestra evolución, ya que nos ha protegido de los peligros desde tiempos inmemoriales, como le ocurre al resto de los mamíferos. Además, viene «de serie» en nuestro cerebro y es capaz de bloquear nuestra creatividad o habilidad de razonar claramente, como estudié en mi anterior libro, *Nomiedo*. Es, sin duda alguna, *la emoción más poderosa de todas y nos acompaña a lo largo de nuestra vida*, como resumen magistralmente los budistas: «Muy pocas veces no tenemos miedo. Sólo cuando sentimos pánico.»

Sin embargo, aunque nazcamos con miedo, éste tiene muy mala prensa: «¿Para qué voy a hablar del miedo, si no lo siento?», ha sido una frase que he escuchado unas cuantas veces en seminarios sobre el liderazgo. Y el motivo es muy sencillo: no nos gusta reconocerlo, porque lo asociamos a la debilidad, cuando paradójicamente no sentirlo sería peligroso o un síntoma de enfermedad mental, que tampoco es muy beneficioso que digamos. El miedo se asocia a la pérdida de algo que poseemos y no queremos perder, como la salud, el bienestar, el amor o la seguridad. Todos tenemos miedo, absolutamente todos, aunque haya personas que no sean conscientes de ello; y su intensidad va a depender de la edad, de la personalidad y de la cultura. Y hay un sinfín de miedos: a la muerte, al dolor, a la pérdida de seres queridos, a perder el empleo, a perder el prestigio, a no ser querido. Así pues, reconocer que lo sentimos es un acto de valentía que nos humaniza, sobre todo, si quien lo hace es alguien con poder, un directivo o un padre de familia.

Miedo

Naces con miedo y lo tendrás a lo largo de la vida.
Reconocer que sientes miedo ya es un acto de valentía.

Cuando te adentres en una aventura, buscada o encontrada, es normal y resulta positivo que se active tu miedo (las emociones «de serie» tienen un sentido). Cuando el *sheriff* Kane se marcha del pueblo, lo que le mueve es la prudencia o el miedo sano, que a ti también te ha podido impedir tener más problemas a lo largo de tu vida. Sin embargo, junto con la prudencia existe otro miedo más sutil y más dañino, el miedo tóxico, el cual te impide el desarrollo de todo tu potencial como héroe cotidiano, como cuando niegas que las cosas te duelen, cuando no reconoces un posible fracaso o cuando no tomas decisiones deseadas por miedo al rechazo. El miedo tóxico te impide ser feliz, es el gran enemigo de la búsqueda y es el gran responsable de las excusas por las que niegas la realidad.

Pero, cuidado, el umbral para *el crecimiento personal y la transformación positiva sólo tienen una puerta: mirar al miedo y al dolor a la cara, en otras palabras, mirar a tus sombras y ser honesto contigo mismo.* Una bonita metáfora es la que recoge Claudio Naranjo, maestro en el desarrollo humano, cuando compara el crecimiento personal con el aprendizaje de los niños pequeños al sentarse por primera vez en una silla. Lo intentan de frente sin darse cuenta de que la única opción para conseguir su objetivo es dándole la espalda. Algo parecido nos sucede a los adultos: buscar la luz o la salida de una aventura sólo se logra si uno le da la espalda, y mira a su sombra y a su miedo.

El miedo es el medio de descubrir lo que necesitas encontrar.

ÁLEX ROVIRA Y FRANCESC MIRALLES,
El laberinto de la felicidad

En definitiva, si sientes miedo, enhorabuena, estás cerca del «aparente precipicio» y es ahí donde sigue el curso de la aventura. Los héroes de las películas o de la historia no huyen, aunque hayan tenido amagos de hacerlo como el *sheriff* Kane. La frase que resume su cambio de decisión en la película es cuando le dice a su esposa: «Lo siento, cariño, nunca he huido de nadie.» Todo lo anterior significa simbólicamente (porque el objetivo no es enfrentarse a los «malos», ya lo hemos dicho) que el héroe cotidiano ha de desnudarse de las excusas y tener la voluntad de dar el paso a pesar de los momentos difíciles que surjan. Posiblemente, esta decisión sea la más valiente y complicada de todas, ya que implica sostener emociones difíciles y, además, tu mente no te ayuda: inconscientemente te dará argumentos para evitar situaciones dolorosas a corto plazo, aunque sean beneficiosas en el futuro. Veamos cómo funciona nuestra mente, para comprender cómo podemos desnudarnos ante la negación y continuar la aventura.

La mente, tu gran aliada (y enemiga)

Creas realidades

Se realizó un experimento con un grupo de personas. El objetivo era escuchar o leer una conversación entre dos hombres a los que llamaron Robert y Michael; a unos se les dijo que Robert era jefe de Michael; a otros, que los dos tenían el mismo nivel jerárquico. Pasados dos días, se les pidió a los que habían leído o escuchado la conversación que comentaran cuál era el tono de la misma. *Casualmente* a los que se les dijo que Robert era jefe, recordaron que éste habló de una manera mucho más asertiva que aquellos que pensaban que estaban en el mismo nivel jerárquico cuando la conversación era exactamente la misma. Parece que en nuestras cabezas el rol de jefe lleva implícita una serie de cualidades, aunque como todos sabemos haya directivos mucho menos asertivos que los miembros de sus equipos.

El estudio anterior pone de manifiesto que la mente lleva puesto el modo automático de manera natural e interpreta conforme a unas reglas previas. Gracias a esta forma de funcionar, hemos sobrevivido a lo largo de los años y no tenemos que esperar a escuchar el rugido de un león para sentir miedo y salir corriendo si lo vemos paseando por una calle en Madrid, Londres o Buenos Aires. Sencillamente, asociamos «león suelto por la calle» a «peligro» y actuamos, como se vio incluso en los dibujos animados de la película *Madagascar*. Como resume Francisco Rubia, catedrático de la Universidad Complutense, «nuestra mente está preparada para la supervivencia, no para la felicidad».

Por eso, *tenemos automatismos que nos dan seguridad y comodidad, pero que también encierran riesgos*: nos cuesta encajar la incertidumbre, como hemos visto, sentimos miedo que nos paraliza, tenemos mil argumentos para engañarnos a nosotros mismos y creemos que lo que vemos es la realidad, cuando realmente se trata de modelos mentales.

¿Por qué muchas veces los hermanos hablan de sus padres de tal forma que parece que hubieran vivido en casas y en familias bien distintas? Igual ocurre en el trabajo, cuando un jefe habla de sí mismo o el colaborador lo hace de su jefe o cuando lo hacen las parejas, en especial, si acaban de discutir (supongo que más de uno lo habrá vivido en sus propias carnes). Los modelos mentales son las gafas que te pones para moverte por el mundo y para entenderlo. Cada cual tiene las suyas, con su propia montura, graduación, color y cada cual cree que lo que ve es lo cierto. Si uno piensa que el mundo es un lugar poco fiable, actuará en consecuencia, comprando quince cerrojos para las puertas y contratando todo tipo de seguros. Del mismo modo que si otro cree que el mundo es un lugar donde hay que disfrutar al máximo, se entregará sin ningún reparo a los placeres mundanos al más puro estilo Casanova. Es posible que los dos hubieran recibido la misma educación, incluso puede que sean hermanos, sin embargo, cada uno actúa conforme a sus modelos mentales.

Por eso, ante la llamada de la aventura, como lo es el fracaso de una empresa o una separación, los héroes cotidianos la entenderán como una invitación para mejorar y buscar dentro de sí mismos, mientras otros preferirán culpar al mundo de lo sucedido o permanecerán atenazados por el miedo bajo mil excusas. Ambas personas han podido vivir lo mismo, pero sus modelos mentales influyen en su actitud más o menos heroica.

> El yo moderno es un edificio tembloroso que construimos a base de chatarra, dogmas, traumas de la infancia, artículos de periódico, relatos de oportunidades, viejas películas, pequeñas victorias, personas odiadas, personas amadas.
>
> SALMAN RUSHDIE, escritor

Las gafas para ver la realidad

No ves la realidad, la interpretas conforme a tus modelos mentales.

Eres selectivo con lo que ves y recuerdas

Oímos lo que queremos oír, vemos lo que queremos ver y sentimos lo que queremos sentir, independientemente de la vivencia. En otras palabras, los modelos mentales con los que te cuentas excusas no surgen de la nada, ni tu cerebro es un órgano pasivo sin más, sino que filtra la información conforme a unos intereses previos. Si decides comprar un coche de una determinada marca, es habitual que lo veas por la calle con más frecuencia que antes; si buscas tener hijos, vas a ver mujeres embarazadas y niños por todos los rincones...

En los años sesenta se hizo una encuesta entre hombres y mujeres acerca del porcentaje de las tareas domésticas que hacía cada uno. El resultado fue curiosamente el mismo para ambos sexos. Tanto las mujeres como los hombres consideraban que hacían el 70 por ciento de las tareas de la casa. Como las matemáticas no engañan, no cabe duda de que somos expertos en organizar los armarios de la memoria conforme a unos criterios previos. Cuando se destapó el caso Watergate, las personas que habían votado a Richard Nixon en 1972 mostraron mucho menos interés por la polémica creada que aquellas que habían votado a su rival en las urnas, George McGovern. La explicación: no les gustaba pensar que su voto no había sido el acertado. Éste es el motivo por el que tendemos a leer el mismo periódico o a escuchar la misma emisora de radio. Seguramente seleccionarás aquella que sea más afín a tus ideas políticas además, como hay tanta información y de tantos tipos, con ello confirmarás que estabas en lo cierto. Debido a esta resistencia mental es muy difícil convencer a alguien de un partido político opuesto al tuyo a través de argumentos o de que tu equipo de fútbol es mejor que el suyo. Y esto mismo ocurre también con tu sombra o con esa parte de ti que no te gusta.

Eres selectivo en la percepción

Oyes lo que quieres oír, ves lo que quieres ver
y sientes lo que quieres sentir.

En conclusión: asume que lo que ves no es la realidad sino una interpretación de la misma y que, por tanto, no existe *la* verdad, sino *tu* verdad. Esta reflexión tiene varias consecuencias, una de ellas está relacionada con algo tan *simple* como las discusiones. Nos empeñamos en convencer al otro de que estamos en lo cierto cuando quizá nos convendría más indagar sobre cuál es su modelo mental. Preguntar al otro cómo entiende el problema y saber que él o ella también tienen *su* verdad es un gran alivio y un ejercicio de empatía.

Y otra consecuencia importantísima: no puedes cambiar muchas de las cosas que te ha tocado vivir, pero sí *puedes adaptar tu modelo mental y aliviar tu miedo.* Por ello, *sal del automatismo de tu cerebro, reflexiona sobre lo que piensas y revisa si tus modelos mentales resultan beneficiosos para conseguir una vida plena.* La negación es un modelo mental que puede ser cambiado y cuanto antes lo hagas, antes encontrarás la salida. Si ante una dificultad piensas «qué horror», «no pasa nada» o «yo no tengo miedo», aunque te duela o se te encoja el estómago, resultará menos recomendable que si lo entiendes como una invitación de la vida. Si caes en la autocomplacencia, con frases del tipo «bueno, soy un desastre pero soy así», también te estarás negando. El reto del héroe cotidiano es desnudarse de todo lo anterior, reconocer el miedo y el dolor, y dar el paso.

> Ser capaz de no razonar automáticamente ante un problema requiere concentración, entrenamiento y sabiduría.
>
> JOHN GRINDER, cocreador y pionero de la programación neurolingüística (PNL)

¿Cuándo negamos la realidad y nos contamos excusas?

> La negación sólo es útil, noble y piadosa cuando sirve de tránsito a una nueva afirmación.
>
> José Ortega y Gasset, filósofo y ensayista (1883-1955)

Hemos visto que la negación es un mapa mental que impide continuar la aventura. Existen tres grandes causas por las que puedes negar la realidad:

— Cuando desconoces tu sombra.
— Cuando te anestesias con el exceso de actividad.
— Cuando quieres evitar el dolor que te produce reconocer algo.

Te sugiero explorarlas con algo más de detalle.

Cuando desconoces tu sombra

«Nunca nada es suficiente» era la frase que caracterizaba a Ernesto Jiménez, mando medio en una empresa, de treinta años de edad y participante en el estudio sobre las superación de las dificultades. No se sentía a gusto con las cosas que hacía porque siempre pensaba que podían estar mejor, ni con lo que se compraba, ni con sus colaboradores, ni con sus parejas, a las que criticaba por cuestiones incluso nimias. «Cuando fui con mi novia a un bonito hotel a la orilla de un lago, un sitio idílico para la mayoría, tuve que hacer esfuerzos para que no me viera molesto porque la habitación era más pequeña de lo que me había imaginado.» Cuando la gente lo pasaba bien y él creía no sentir la misma intensidad, se enfadaba por no estar a la altura de las circunstancias. Y el motivo siempre era el mismo: su nivel de exigencia. Pensaba que el mundo y que él mismo podían dar más de lo que cualquier humano hubiera sido capaz. Y lo peor de todo, no era consciente de ello. Detrás de las palabras envenenadas suele haber dolor, pero uno no siempre toma conciencia y sigue alimentando el veneno con distintos argumentos. El objetivo consiste en ir más allá de las excusas.

En un grupo de formación, Ernesto comenzó a criticar a su última ex novia, dijo que no le gustaba cómo se comportaba, que había sido la peor experiencia en su vida y una serie de frases muy duras que se prolongaron durante varios minutos. El formador le miró sin inmutarse y sólo le hizo una aséptica pregunta: «La echas de menos, ¿no?» Aquello fue un jarro de agua fría para Ernesto, que lo descolocó completamente. El formador ni entró en su juego, ni en sus palabras, lo que le ayudó a conectar con el dolor y a comprender qué estado de ánimo se ocultaba detrás de todos sus argumentos. Este tipo de hallazgos equivalen a la caída de una ficha de dominó que ayuda a comprender algo oculto y que provoca que caigan muchas otras fichas. «No era consciente de la crueldad de mi juez interior, del daño que me hacía a mí y al resto, y que justificaba con mil y un argumentos.»

> Mi memoria me dice que hice tal cosa; mi orgullo me dice que no pude hacerla. Mi memoria lo acepta.
>
> FRIEDRICH NIETZSCHE, filósofo (1844-1900)

Y éste es uno de los principales motivos por los que puedes negar la realidad: *no siempre eres consciente de tu sombra, de aquello que te desgasta.* Seguramente, las personas de tu entorno te habrán dicho cosas sobre tu carácter que no te ha gustado escuchar, y eso es algo que nos pasa a todos, me temo. Por mucho que nos lo repitan, no significa que vaya a calar en ti, ya que tienes un mapa mental que te protege. En otras palabras, dispones de unos tapones perfectos para los oídos que te aíslan de aquello que no quieres escuchar y el motivo es muy sencillo: la negación protege la autoestima o la autoimagen, es decir, la forma en la que te ves a ti mismo. Determinados comentarios pueden darnos en la línea de flotación y tiendes a defenderte, inconscientemente, con todos los argumentos que tengas a tu alcance. Descubrir el dolor significa dar el primer paso para superarlo y dicho descubrimiento no ha de ser sólo mental, como en el caso de Ernesto al saber que era tremendamente exigente, sino que también se han de sentir las consecuencias que ello implica, como amargar las relaciones o pasarlo mal incluso en sitios paradisíacos. *La toma de conciencia positiva es aquella que se siente, no la que sólo se piensa.*

Ceguera de ti mismo

No siempre eres capaz de conocer cuál es tu sombra, es decir, aquello que te duele de ti mismo.

Cuando te anestesias con el exceso de actividad o con estados de ánimo

—¿Qué haces ahí? —le dijo al borracho que encontró instalado en silencio ante una colección de botellas vacías y una colección de botellas llenas.

—Bebo —respondió el borracho, con aire lúgubre.

—¿Por qué bebes? —le preguntó el Principito.

—Para olvidar —respondió el borracho.

—¿Para olvidar el qué? —inquirió el Principito, que ya lo compadecía.

—Para olvidar que tengo vergüenza —confesó el borracho bajando la cabeza.

—¿Vergüenza de qué? —se informó el Principito, que deseaba socorrerle.

—¡Vergüenza de beber! —concluyó el borracho, que se encerró definitivamente en el silencio.

ANTOINE DE SAINT-EXUPÉRY, *El Principito*

La intensidad o exceso de acción es otro de los motivos por los que puedes mejorar tu realidad, como le ocurre al borracho en el libro *El Principito.* Cada uno tiene su anestesia particular: para unos es una agenda desbordante de trabajo o de encuentros sociales, para otros es la sed insaciable de conocimientos o de éxitos en los que invierten muchísima energía, y para otros puede ser, incluso, la apatía de pasar horas enteras frente al televisor con tal de no pensar en sí mismos. En definitiva, es la acción que te impide reflexionar y estar con alguien muy importante sin ruido ni distracciones: contigo mismo. A veces puedes no atender la llamada a la aventura porque estás tan anestesiado con el día a día, que no dejas espacio para que otras cosas ocurran en ti.

Otro camino de negación son los estados de ánimo que te pueden «desconectar», como el del optimista acérrimo que piensa que todo es extraordinario, sea lo que sea, como mencionó una buena persona respecto a la muerte de su esposa: «Fue genial, sólo estuvo un mes enferma.» En el sentido opuesto está el profundamente pesimista, para quien pase lo que pase, todo es un desastre. En ambos casos, el optimista acérrimo o el pesimista profundo, tienen algo en común: no dan la dimensión precisa al dolor, bien por defecto, bien por exceso. En el primer caso, para evitar el dolor; y en el segundo, para no perder los derechos adquiridos que produce la pena o, sencillamente, para empatizar con otras personas con emociones similares. Una vez más, el objetivo es mirar al dolor desde una dimensión genuina sin defectos ni excesos ni anestesias. Si te identificas con alguna de esas situaciones, cuidado, sin darte cuenta estás negando tu salida hacia la aventura.

Cuando evitas el dolor

«A los catorce años fui a una fiesta con mi hermana y sus amigas, y sólo me interesó observar al novio de una de ellas. Aquella noche quería morirme por lo mal que me sentía conmigo mismo», me explicó Paulo Oliveira, un brasileño de cuarenta años que participó en el estudio. Paulo llegó a ser director en un banco y a estar casado con una bella mujer. Sin embargo, siempre albergaba la duda de su homosexualidad. «Me sentía culpable por el hecho de que me gustaran los hombres y, además, no era capaz de contárselo a nadie porque tenía miedo de que me rechazaran.» Se contaba excusas para no asumir su orientación sexual, ya que reconocérselo a sí mismo le suponía atravesar un umbral, separarse, asumir un posible rechazo social y recorrer un «aparente» desierto. Si Ernesto negaba la realidad porque desconocía su sombra, en el caso de Paulo, la negaba para evitar tomar decisiones que podían ser dolorosas a corto plazo. Y en esto, una vez más, la mente nos ayuda a autoengañarnos.

Somos auténticos *autocuentaexcusas* profesionales, podríamos decir. Nos molesta la contradicción interna e inventamos todo cuanto se nos ocurre para pensar que estamos en lo cierto, seguir haciendo lo que nos gusta, evitar algo que nos duele o por puro instinto de supervivencia. En 1957, Festinger denominó a esta característica *disonancia cognitiva*, que es lo que ocurre cuando tenemos dos conceptos que están en contradicción al mismo tiempo como, por ejemplo, «fumar es malo» asociado a «me gusta fumar»; o «no soy feliz estando con mujeres» asociado a «no quiero que me rechacen por mi orientación sexual ni hacer daño», como le sucedía a Paulo. Esta dualidad genera un conflicto interno y como tenemos la tendencia de evitar el dolor a corto plazo, aunque no sea beneficioso para nosotros, intentamos justificarnos con los argumentos que se nos ocurren y los hay de todo tipo y colores: «Los estudios del cáncer de pulmón por fumar no están científicamente comprobados», o «en el fondo a todo el mundo también le gustan las personas de su mismo sexo».

Nuestra capacidad de autoengañarnos se observa hasta en los pequeños errores cometidos para justificarnos. «Cuando presenté el proyecto la gente estaba demasiado cansada para atenderme», en vez de reconocer que la presentación fue realmente aburridísima; «no, si me da igual lo que me ha dicho», cuando realmente te ha molestado. También se observa en decisiones más cruciales, como las de Paulo y las de tantas otras personas que no se atreven ni a cuestionarse su vida, porque implicaría tomar decisiones de separación o de cambio de trabajo. Como dice Juan Londoño, socio de

InnoPersonas, «la honestidad está relacionada con la sensación de unidad y sólo somos felices si nos sentimos integrados, no fragmentados por miedo o por negación». El primer paso es tomar conciencia y después decidir dentro de las posibilidades personales o del entorno. Paulo, con veintinueve años, conoció a Rafael y se enamoró de él. Ya no pudo negar por más tiempo su orientación sexual y dio el paso. «Y no me había dado cuenta que desde la negación no dejas que las personas te ayuden. Sólo cuando se lo reconocí a mi familia y amigos, me sentí más cerca de ellos.»

En definitiva, otro motivo por el que puedes negar la realidad es el de *evitar tomar decisiones que te duelen, seguir haciendo algo que te gusta o, al menos, no sufrir a corto plazo.* Como ha demostrado la ciencia, la mente está encantada de darte argumentos, ya que crea realidades a «tu medida» y te permite ser selectivo con lo que ves y recuerdas, y es ahí precisamente donde se encuentran los desafíos para continuar la aventura.

Autocuentaexcusas profesionales

Eres capaz de inventarte mil excusas con tal de evitar decisiones que te pueden hacer daño o para continuar haciendo algo que te gusta.

Sugerencias para desnudarte de la negación y dar el paso

El reto de esta fase es desnudarte de la negación y del miedo, confrontarte contigo mismo y llamar a las cosas por su propio nombre. Como dice Guillermo Sánchez, profesor de Icade, «no se domina lo que no se nomina». Si te duele algo, te duele. No sirven las excusas. Si no te atreves a hacer algo que querrías por miedo, no lo justifiques con argumentos. Llámalo por su nombre. *Ése es el mayor favor que puedes hacerte: ser honesto contigo mismo, aunque no sea fácil.* La recuperación de un hombre que había perdido todo su dinero y patrimonio invirtiendo en bolsa comenzó cuando fue capaz de reconocerse a sí mismo que se había arruinado y que debía volver a empezar desde cero. Lo que es obvio para todos, no siempre es así para uno mismo. La negación y el miedo son procesos inconscientes y cada persona requiere su tiempo para tomar conciencia de ellos, hasta en casos extremos, como explica Elisabeth Kübler-Ross, quien narra su encuentro con una mujer que se estaba muriendo de cáncer. Incluso el mismo día en el que falleció, seguía fantaseando con que se iba a curar de repente. El poder de la mente para negar la realidad es infinito, hasta en situaciones límite. Sin embargo, el coste es demasiado elevado.

El dolor negado carcome por dentro. Poner tiritas a las heridas son cierres en falso que afectan a tus siguientes experiencias laborales o personales y resultan poco heroicos. Hay personas que han sido despedidas y que cuando tienen oportunidad de despedir se convierten en tiranos; o que ante el fracaso afectivo, van despedazando corazones. Evidentemente, eso supone aceptar tus sombras o reconocer las situaciones dolorosas que vives. Es duro, pero es la única manera de cruzar el umbral, porque vestido de excusas no lo conseguirás. Veamos algunas sugerencias para lograrlo.

Reflexiona sobre tus emociones (sin excusas)

Tomemos dos emociones que dan muchas pistas: el miedo y la ira.

El miedo tiene muchos disfraces, algunos muy escurridizos, como estrés, «respeto» o malestar; y encontrarlo puede implicar una labor detectivesca. En cualquier caso, no hay que juzgarse por tenerlo, ni pensar en frases estilo «soy un o una cobarde». No ayuda nada y resulta absurdo. Si lo sientes, ¡perfecto, no estás muerto! Lo interesante del miedo es que te permite identificar qué es lo que se esconde detrás. *Debes preguntarte: ¿qué no quiero perder?, ¿qué beneficios me aporta el miedo?* Cuando se trata de cuidar la salud, los seres queridos o tus propiedades, resulta sencillo contestarlo. Huyes del dolor y de la pérdida relacionada con la supervivencia básica, que comprende elementos tales como salud, trabajo, casa o dinero. De hecho, en la UCL, University College London, han demostrado que cuando perdemos dinero se activan las zonas del cerebro relacionadas con la agresividad o la frustración, cosa que quien ha perdido alguna vez algún billete habrá sentido. El problema del miedo se agrava cuando se refiere a aspectos mucho más sutiles.

Detrás del miedo al rechazo (al qué dirán), al fracaso (no estar a la altura de las expectativas propias o ajenas) o a la pérdida de poder o prestigio (tarjeta de director, determinado modelo de coche) se oculta el miedo a perder un disfraz o un rol. Dicho disfraz puede ser el que agrada a todos, el que más sabe o el que siempre triunfa. Pero si profundizas aún más, verás que esa imagen, en realidad, es probablemente la que te da seguridad para sentirte querido y quererte. Y ahí está la trampa. De hecho, a muchas personas lo que les duele de un fracaso en una empresa no son sólo las posibles consecuencias, sino el orgullo herido y eso, una vez más, está asociado a un rol. Si eres capaz de identificar lo que se oculta detrás del miedo y los beneficios que te aporta, podrás acelerar el cruce del umbral porque, como hemos dicho, éste sólo se produce cuando se han perdido los disfraces.

La ira es otra emoción interesante que te da muchas pistas sobre ti mismo, encubre a veces el miedo o en algunas personas, la tristeza. De hecho, en los procesos de duelo, ante la pérdida de un ser querido o una enfermedad grave, la ira es una fase habitual, según la doctora Elisabeth Kübler-Ross. Sin llegar a situaciones tan extremas, resulta un buen termómetro de que algo problemático ocurre y se percibe cuando uno está irascible, cuando todo le molesta o cuando se menta al jefe, a la empresa, a los políticos o al que conduce su coche tranquilamente y sin prisas. Si te sucede algo de lo anterior, evita las excusas que lo justifiquen, reconoce que es ira y contesta a una sencilla pregunta: «¿Qué es lo que realmente me duele?»

En definitiva, el objetivo es ser honesto contigo mismo, alejándote de las justificaciones y explicaciones huecas. Los estados de ánimo negativos son invitaciones a la reflexión, sin tener por ello que culpar al mundo de lo que te ocurre, sino identificando cuál es tu papel y qué puedes hacer para cambiarlo.

Desmitifica tu miedo

Un directivo me comentó en un taller una experiencia que tuvo de joven y que le ayudó a afrontar uno de sus principales miedos, quedarse en la ruina y vivir en la calle. Un día decidió conocer a un mendigo. Estuvo charlando con él y se dio cuenta de que esa persona aceptaba su vida y no parecía sentirse terriblemente mal por ella. Le contó lo que hacía a lo largo del día, de sus amigos, de dónde dormía... Cuando el futuro directivo escuchó su historia, le sirvió para comprender que si él llegaba a una situación parecida, el mundo no se acabaría y que sería capaz de adaptarse. Desde entonces, su miedo dejó de molestarle. *¿Cuántas de las cosas a las que tenías miedo te diste cuenta que no eran para tanto una vez superadas?*

Cuanto más miedo tóxico sientas, más te fragmentas y te agotas por dentro, ya lo hemos dicho. El miedo abstracto, como en el caso anterior, erosiona, y el desafío es afrontarlo: «¿Qué sería lo peor si ocurriera aquello que más temo? ¿Qué podría hacer?» Y desde ahí, define un plan de acción y confía en tu bagaje evolutivo. Muchas veces no tomas decisiones porque crees que no vas a ser capaz de afrontarlas pero, recuerda, el miedo es lo contrario del amor y de la felicidad. Además, cuando uno deja de negarlo, lo acepta, se plantea dar el paso y «se abre el campo a las infinitas posibilidades», como dicen Robert Dilts y Stephen Gilligan, es decir, aparece un sinfín de opciones para poder actuar que antes ni eras capaz de intuir.

Identifica tus sombras a través de otros

Un ejercicio para conocer la propia sombra: *escucha lo que otros dicen de ti y sé capaz de separar el grano de la paja.*

En el mundo de la empresa, desde hace años, se ha

instaurado una poderosa herramienta para evaluar a los responsables de equipo. Se miden las opiniones de los colaboradores sobre la gestión de su jefe y se compara con lo que éste opina de sí mismo. Es una forma «aséptica» de contrastar opiniones y que ofrece información sobre las zonas de sombra que todos tenemos y que nos cuesta aceptar. Si no tienes esa alternativa y deseas explorar otras dimensiones más allá de las laborales, pregunta a un mínimo de tres personas que te conozcan bien cinco cualidades que destacarían de ti y cinco áreas de mejora. Cuando se hace ese ejercicio, «curiosamente» las áreas de mejora coinciden y si es así, ¡eureka! Ya lo has identificado. En muchas ocasiones, conoces dichas áreas, pero no quieres afrontarlas, las relativizas o les quitas importancia. Si tiendes a ello, cuidado, estarás volviendo a la negación.

La propuesta anterior está más estructurada, pero se puede abordar de una manera más sencilla. Simplemente, sé receptivo a los comentarios que se puedan hacer de ti y sé capaz de discernir lo principal de lo accesorio. Por supuesto que no todos los comentarios hay que tomarlos al pie de la letra, sobre todo si surgen de una discusión con el ánimo encendido. Pero si se hace el filtraje adecuado, se pueden obtener pistas interesantes sobre la sombra que no quieres ver en ti mismo. A veces, una llamada a la aventura se presenta en forma de discusiones continuadas y una buena manera de aprovecharla es precisamente ésa: descubrir qué hay detrás de todo ello, lo que implica, sin duda, un acto de valentía, de humildad y de paciencia con uno mismo.

Distánciate de tus modelos mentales

Otra forma de autoconocimiento es salir del propio mapa mental.

Recuerdo una experiencia muy interesante que le ocurrió a una persona con la que trabajamos en un taller de liderazgo. Le habían despedido de su anterior empresa y aunque habían pasado dos años, seguía pensando que había sido un hecho tremendamente injusto. Según él, no había ningún motivo para el despido, pues se había dejado la piel por aquella compañía. Estaba en la fase de negación y no procesaba de manera consciente que aquello le había provocado mucho dolor. Decía que era el mejor favor que le habían hecho, aunque injusto, eso sí. Trabajaba en otra compañía y guardaba un resentimiento hacia los jefes y hacia todo lo que sonara a empresa que le impedía comprometerse con su trabajo y le dificultaba ser feliz (recordemos que más de una tercera parte de nuestro tiempo lo pasamos trabajando, vale la pena sentirse bien, aunque sea sólo por un enfoque práctico.) Hicimos un pequeño ejercicio de *actoring*, teatro aplicado a la empresa, y él tuvo la valentía de representar su despido. Hizo primero su papel —muy bien trabajado por cierto—, le dijo a su hipotético ex jefe —que era un actor— lo injusto que había sido y otros temas que, seguramente, se habría repetido a sí mismo en varias ocasiones.

Después, le pedimos que cambiara de silla y de rol, y que representara a su ex jefe. Le costó; por supuesto, no salió a la primera, pero poco a poco fue dándole argumentos sobre la poca implicación que había tenido a lo largo de aquellos meses, de la difícil situación de la empresa y de no quedarle más remedio que el despido. Se sorprendió de lo que estaba diciendo sobre sí mismo. Fue un gran acto de valentía que le ayudó mucho, según nos contó meses después. Y todo surgió porque fue capaz de salirse de su modelo mental, reflexionar sobre él, tomar distancia y comprender al otro o las circunstancias de una manera más fría.

Por eso, *una técnica interesante ante una dificultad es ponerse en el pellejo de la otra persona o de la situación* y escribirte desde ahí una carta como si fueras el antiguo jefe, pareja, padre, amigo o, incluso, si tú *fueras* dicha situación, ¿qué te *diría* el fracaso o una pérdida afectiva o un cambio de vida? Es bueno escribirlo o hablarlo en grupo, ya que tiene más fuerza que si sólo lo reflexionas.

Lo que resiste, persiste; lo que aceptas, se transforma.

Principio oriental

Claves de la etapa de la senda:

EL MIEDO Y LA NEGACIÓN

En esta etapa de la senda de los héroes cotidianos, el reto está en no negar ni tu miedo ni aquello que te duele, mirar a la cara a tu sombra o la situación que te hace daño sin excusas ni justificaciones; en otras palabras, confrontarte contigo mismo y estar dispuesto a dar el paso. Para ello te enfrentas a los siguientes desafíos:

— Desnúdate ante la negación y las excusas, sé honesto contigo mismo y con lo que sientes.
— Cuestiona tu mapa mental, éste no es la realidad, y atrévete a ponerte en la piel de otras personas o de las circunstancias que te duelen.
— Indaga en los beneficios que te aporta el miedo y en qué se esconde tras la ira.
— Desmitifica el miedo y sus consecuencias.
— Atrévete a escuchar las opiniones de los otros sobre tus sombras.
— Párate a estar contigo mismo, en silencio y sin los ruidos de la acción desbordada.

Preguntas para la reflexión

— ¿Qué miedo te hace sentir tu aventura? ¿Qué ocurriría si tu temor se cumpliera? ¿Cuál sería la peor de las situaciones? ¿Qué te sucedería entonces y qué podrías hacer?
— ¿Cuál crees que es tu principal dificultad: desconoces tu sombra, la acción exagerada te impide pensar o no te atreves a tomar la decisión que querrías?

– ¿Qué te sucedería si no tuvieras razón? ¿Qué sucede si miras de frente tu sombra?
– ¿Qué te dicen las personas que te conocen bien y que tú no ves en ti? ¿Cómo te sentirías si fuera cierto?
– ¿Cuál es el estado emocional con el que te sientes más cómodo? ¿Qué ventajas te ofrece? ¿Qué te impide aprender?
– Pregúntate ante el miedo: ¿qué no quieres perder? ¿Qué beneficios te aporta? Y ante la ira, ¿qué es lo que te duele?
– ¿Qué sucedería si estuvieras contigo mismo sin ruido ni una actividad exacerbada a diario? ¿Cómo te sentirías?

3. La noche oscura del héroe y el gran desafío

Cuando había andado una legua, la oscuridad se hizo espesa en torno a él pues no había luz y no podía ver nada por delante y nada por detrás. Después de dos leguas, la oscuridad estaba espesa y no podía ver nada por delante y nada por detrás. [...] Después de nueve leguas, sintió el viento norte en su rostro pero la oscuridad estaba espesa y no había luz y no podía ver nada por delante y nada por detrás. Después de diez leguas se acercaba al final. Después de once leguas, la luz del alba apareció. Al final de doce leguas, surgió el sol.

Epopeya de Gilgamesh, siglo VII a. C.

Todos los héroes atraviesan su propio desierto, provengan de mitos, leyendas o religiones. Así se recoge en el primer texto de la historia, escrito en tablillas de arcilla y escritura cuneiforme, que trata precisamente de un héroe ancestral, el rey sumerio llamado Gilgamesh en el 2600 a. C. Podemos decir que no hay héroe que no sienta tristeza ni dolor. Gracias a ello, se conectan con su fragilidad, se hacen más «humanos» y dejan espacio para la siguiente etapa de aprendizaje; en definitiva, sienten la «aparente» derrota. Sin embargo, dicha derrota no es más que el principio de la salida. Sólo cuando Dante baja a los infiernos es capaz de abrir las puertas del cielo. De igual modo nos ocurre al resto de los mortales.

A lo largo de la aventura pasamos momentos difíciles, sin embargo, el de la travesía por el desierto es el peor de todos, en especial, en un momento determinado que hemos llamado la «noche oscura», en la que parece que todo se rompe y que puede durar minutos, horas o días. Entras en el desierto cuando cruzas el umbral, es decir, cuando se caen tus negaciones y miras cara a cara a tu sombra o aquella situación que tanto te duele. Ése es el gran desafío, con el que no todo el mundo se atreve. Ocurre cuando te sientes derrotado, cuando sencillamente no puedes negar más algo que te ha dolido (un despido, la tristeza de la pérdida afectiva) o cuando te enfrentas a la frustración de tus expectativas.

La magia de la noche oscura y de la travesía del desierto es que consiguen «barrer» tus seguridades y sólo en ese preciso momento es cuando eres capaz de explorar una nueva manera de ver la vida. *Al igual que no hay alba sin noche, tampoco existe transformación ni aprendizaje sin humildad.* Los caballeros medievales debían velar las armas la noche anterior para ser nombrados caballeros. Pasaban una noche en silencio, solos, entre húmedos muros, tomando conciencia de lo que aquello suponía. Y toda esa ceremonia debía realizarse de rodillas. Dicho gesto simboliza precisamente la humildad, palabra que proviene de *humus*, «tierra». Sólo cuando caes y te cuestionas profundamente —cuando eres humilde—, te abres a un proceso de descubrimiento interior y de transformación, aunque eso implique atravesar un desierto.

> No se puede llegar al alba sino por el sendero de la noche.
>
> YIBRÁN JALIL YIBRÁN,
> poeta y pintor de origen libanés
> (1883-1937)

Si todo va bien, a lo largo de tu vida atravesarás unos cuantos desiertos, algunos serán un recorrido en un 4 x 4, y otros serán a pie, y con serios problemas por la escasez de agua. Algunos durarán días, otros semanas o incluso años, y en ocasiones, te adentrarás en noches oscuras. Si tú has buscado la aventura o has recibido la llamada del cielo, el desierto conseguirá deshacer tus expectativas iniciales y los sueños que habías tenido al principio, como el negocio que has montado, la relación que has comenzado o el cambio de vida buscado. Este proceso te entrega de nuevo a la humildad, que es necesaria para regresar a uno mismo y dejar espacio para el período de iniciación y aprendizaje.

Si tu aventura comenzó por la llamada del trueno, la travesía por el desierto te llevará más tiempo. Pero sea por la llamada del cielo o del trueno, no cabe duda que esta fase, a diferencia de la anterior, es puramente emocional y te obliga a aceptar algo que habitualmente cuesta mucho: la necesidad de «morir» para volver a nacer. Posiblemente, la travesía del desierto sea el peaje necesario para renacer.

Por eso, el gran desafío del héroe cotidiano consiste en dar el paso, atravesar el umbral, aunque eso suponga recorrer el dolor. Pero, recuerda, ni hay héroe cotidiano ni aventura que se precie sin su desierto. Veámoslo con más detenimiento para comprender cuáles son los desafíos que encierra.

Humildad

Para vivir un proceso de transformación tienes que cuestionarte, y sólo se consigue siendo humilde.

Atreverse a cruzar el umbral y ver la sombra

Los templos románicos y góticos tienen en sus puertas monstruos y gárgolas, que pretenden intimidar a quien se acerca a ellos. El motivo es simbólico: por una parte, según el cristianismo invitan a espantar los pecados; y, por otro lado, expresan que nadie puede acceder al templo si no se confronta consigo mismo. En otras palabras, sólo se puede atravesar el umbral cuando uno se ha desnudado de su «aparente seguridad» y de sus disfraces y eso es lo que consigue la travesía por el desierto. El reto de esta fase es tener la voluntad de *ver tu sombra y cruzar el umbral.*

Umbral está relacionado con «sombra», lo que quiere decir resguardarse del sol y regresar a la intimidad, como invitan a hacer las gárgolas de los templos. Su simbolismo es aún más poderoso: *no renaces si no regresas a tu interior.*

Mientras que la aventura es un aviso genérico, el umbral es muy personal e implica, necesariamente, un encuentro con tus miedos, tus fantasmas del pasado o tu sombra particular. *Atravesar el umbral significa adentrarse en una «zona de dragones»*, como se escribía en los mapas de la Edad Media refiriéndose a los lugares que no habían sido explorados.

Una aventura por la que todos pasamos puede ser la de comenzar una nueva relación amorosa, en cuyo caso la sombra podría ser tu posible miedo al compromiso. Otra aventura es montar un negocio, sin embargo, tu sombra puede ser la necesidad de agradar a todo el mundo, lo que dificulta la gestión de la empresa. Otra aventura puede provenir de un cambio organizativo y tu sombra podría estar en perder el rol de jefe y enfrentarte a tus inseguridades.

Hay muchos tipos de sombra y cada cual tiene la suya. Pueden provenir de comentarios del pasado que te hirieron y te dejaron cicatrices mal curadas («tú no vales para nada», «eres idiota», «si no eres el mejor, no te van a querer»), personas a las que te da miedo enfrentarte (un padre, un jefe, un profesor), situaciones de las que huyes (miedo a la muerte, a la enfermedad, al sufrimiento) o conflictos enquistados con una persona desde hace tiempo. En cualquier caso, atravesar el umbral es mirar a los ojos a tu sombra, atreverte a bucear en ella y confiar en ti mismo.

El umbral, además, es un camino «de no retorno». Si comienzas a buscar dentro de ti, dejas de ser la misma persona. Si miras una enfermedad de frente, contemplas la vida desde otro ángulo. Por eso, en este punto de la aventura te conviene preguntarte: ¿cuál es tu umbral?, ¿cómo has llegado a él, por decisión propia o porque las circunstancias te han empujado?

Si decides cruzarlo, llegarán maestros y apoyos, como veremos en el siguiente capítulo. Parece que *cuando uno da el paso adecuado, el universo se confabula a su favor.* Sin embargo, cruzarlo también significa asumir que se va a atravesar un desierto, incluso que puedes encontrarte en medio de una noche oscura, pero el héroe cotidiano acepta el reto.

Atravesar el umbral, el gran desafío

Cruzar el umbral significa «morir» y hay que morir para renacer.

Decidir ser un guerrero

> Si tienes un problema y no tiene solución, ¿para qué te preocupas? Y si tiene solución, ¿para qué te preocupas?
>
> Proverbio chino

Ana Schack es un claro ejemplo de heroína cotidiana y una gran profesional en el campo de la formación de empresas. Su principal adversidad comenzó cuando le diagnosticaron cáncer. En ese momento se dijo a sí misma: «Bueno, Ana, hasta aquí has llegado. ¿Qué vas a hacer?» Decidió comentarlo con sus hijos con el fin de hacer frente común y ofrecerles la oportunidad «de oro» de participar en un proceso de lucha, de desdramatizar el cáncer, de mirar de cara a la posible muerte y mil aspectos más que no son fáciles de tratar si no hay un desencadenante. Había estado trabajando durante seis años con personas, sobre todo niños, con patologías muy graves y terminales. Se dijo a sí misma: «Ahora te toca realmente demostrarte que lo que les pedías a ellos es lo mejor y que tienes el coraje de llevarlo a cabo. Y mi decisión inmediata fue verme en la imagen de una guerrera. Realmente no sabía cómo lo haría, pero elegí luchar y no sentirme en ningún momento víctima, ni dejar que nadie me considerara así.» Ésa fue su elección: cruzó su umbral. No habló con aquellas personas que la hubieran compadecido y se enfocó en un proceso hacia «sí misma».

«Desde el principio me tomé mi tratamiento como un proceso de desarrollo personal. Cada pequeña situación, como buscar una vena para pinchar y ¡lograrlo! lo metía conscientemente en la mochila de mis éxitos, como si se tratara de una batalla ganada. Lo hacía muy mío. Mi planteamiento era: "Me importa hoy, voy a vivir cada minuto y cada día de manera impecable. No sé si habrá mañana pero, si llega, yo estaré totalmente preparada para continuar."»

Los que conocemos a Ana sabemos que rezuma optimismo, bondad y una profunda gratitud. No es de extrañar que diga: «Honestamente, siempre sentí y sigo sintiendo alegría y gratitud por haber tenido el privilegio de dar con un rival que merecía la pena y que ha hecho que saque lo mejor que hay en mí, hacia dentro y hacia fuera. A lo largo del proceso me sentía muy fuerte, creo que en parte por la oportunidad de palpar, de ver y vivir mi coherencia.» Su experiencia es un maravilloso ejemplo de heroicidad cotidiana, de vivir el presente y de la capacidad de decidir con valentía.

> ¿Quién es, en realidad, el hombre? Es el ser que siempre decide lo que es.
>
> VIKTOR FRANKL, neurólogo y psiquiatra austríaco (1905-1997)

Buena noticia: *tienes la capacidad de decidir y eres libre hasta de ti mismo.* Ésa es una de tus grandezas como ser humano, no eres esclavo de tus instintos, ni de las emociones ni de las interacciones neuronales, ni tan siquiera de la infancia. Por supuesto que te condicionan, pero puedes decidir y puedes tener voluntad para superarlo. Se observa en los datos de los estudios sobre maltratadores. Según Jacques Lecomte, doctor en psicología y secretario general del Observatorio Internacional sobre la Resiliencia, del 80 al 90 por ciento de los maltratadores fueron niños maltratados; sin embargo, sólo el 5 por ciento de los que fueron maltratados en la actualidad maltratan a los suyos. Lástima que este dato no se conozca tanto.

La frase de «así soy yo» para justificar ciertos comportamientos carece de sentido en la medida en que tienes márgenes de libertad. Por supuesto que no puedes evitar las travesías del desierto, pero, como le ocurrió a Ana Schack, siempre tienes espacios de decisión, aunque a veces sea sólo sobre tu propia actitud. Así lo avaló Viktor Frankl, uno de los psiquiatras más influyentes del siglo XX, tras sufrir varios años como prisionero en los campos de exterminio nazis. Dijo que en momentos de absoluta impotencia, seguimos teniendo la libertad de decidir cómo queremos asumir lo que nos ha tocado vivir. Lo podemos trasladar a nuestro día a día. Cuando ya no te queden más opciones ante un error cometido, una frustración o una enfermedad, piensa que *siempre tienes una última libertad: la capacidad de decidir tu actitud*, es decir, de vivirlo desde la queja o desde la entereza e incluso, desde el sentido del humor.

Eres libre

No eres esclavo de tus instintos, ni de las emociones, ni tan siquiera de tu infancia.

Sin embargo, a pesar de nuestra libertad, no todo el mundo decide cruzar el umbral por dos motivos: el primero porque nos aferramos al orgullo, al resentimiento, a la sed de justicia o a la culpa hacia el otro. El segundo porque no aceptamos el dolor o nuestra fragilidad y, simplemente, vamos echando más leña al fuego para continuar demostrando al mundo (o a nosotros mismos) que tenemos razón. Hemos visto que nuestro instinto de supervivencia nos hace luchar por la vida, sin embargo, no es lo mismo sobrevivir que vivir plenamente. *El victimismo, al igual que la resignación o la venganza, es una trampa.* Parece que la queja nos confiere derechos para que el resto nos siga prestando atención o se apiaden de nosotros. Ése es el motivo por el que hay personas que montan un templo portátil de quejas y lamentos allá donde van y a la mínima ocasión nos enumeran sus enfermedades, lo mal que lo han pasado, lo dura que ha sido su vida o lo terriblemente que se ha portado la empresa con ellos. Sin embargo, no es más que un espejismo. Sólo el dolor genuino genera compasión. El resto nos aleja de nuestro potencial como héroes cotidianos.

Por ello, presta atención a lo que dices, valora las veces que te quejas de tus vivencias y repara en la lista de ofensas que guardas hacia otros. Si te ocurre, cuidado, habitas en una zona de peligro que te puede impedir desarrollar tu energía de héroe o heroína cotidiana. Indaga sobre cuáles crees que son los beneficios que consigues con ello («¿qué ventajas me aporta estar ahí?») y despréndete de los derechos adquiridos («esta persona está en deuda eterna conmigo por lo que me hizo hace diez años, con lo mal que lo he pasado, la gente tiene que quererme o prestarme atención»). Hasta que no te desprendas de dichos derechos caducos, ni podrás salir de esa actitud que tanto daña a quien la posee y a los que le rodean, ni podrás atravesar el umbral. Y si estás con alguien que tiende a ese tipo de actitudes, no caigas en su juego.

> Una persona que quiere venganza guarda sus heridas abiertas.
>
> FRANCIS BACON, filósofo inglés (1561-1626)

Además del victimismo que te aleja del espíritu heroico, existen casos mucho más complicados, como los de las personas que sufren un duelo adictivo, según científicos de la Universidad de California, Los Ángeles (UCLA). Un duelo normal dura de cuatro meses a un máximo de cuatro años, dependiendo de muchas variables; sin embargo, existe otro tipo de duelo que se prolonga en el tiempo de forma indefinida. Al analizar con un escáner lo que sucede en el cerebro en dichas personas, se observa que cuando recuerdan al familiar desaparecido se activa la misma zona cerebral que si se tratara de una adicción. Ése es el motivo, en opinión de los investigadores, por el que les cuesta tanto cerrar un duelo y sufren como en el primer día, aunque hayan pasado varios años.

Si éste es tu caso, pide ayuda profesional, y si le está ocurriendo a alguien cercano, sugiéreselo. Un buen regalo para la persona querida que ya no está es la felicidad de los que nos quedamos. La tristeza prolongada no vale la pena ni para ellos ni para nosotros.

Estar en un eterno desierto

Para concluir la travesía del desierto, tenemos que desprendernos del orgullo, del resentimiento, del victimismo y de todos los derechos que confiere; y evitar la adicción al dolor.

Ciencia para los compañeros del desierto

En cualquier travesía del desierto en la que te veas inmerso, y ya no hablemos de las noches oscuras, te encontrarás con tres sensaciones poderosas como compañeras de expedición: tristeza, dolor y soledad. Los avances científicos nos ayudan a comprenderlas y nos dan pistas sobre cómo actuar. Veámoslas con algo más de detalle.

La tristeza agota físicamente y además, merma la capacidad de curación, como se ha comprobado en investigaciones realizadas por la Mount Sinai School of Medicine de Nueva York. Los ancianos que se rompen la cadera, mayoritariamente ancianas, y que no están deprimidos tienen el triple de posibilidades de caminar y nueve veces más de poder recuperar la salud que tenían, antes que aquellos que se muestran tristes y deprimidos. La tristeza como estado emocional duradero actúa en sentido negativo sobre nuestra curación ósea, nuestras posibilidades de desarrollar cáncer o de sufrir un infarto, según Daniel Goleman. Sin embargo, al igual que sucede con la ira o con el miedo, viene de serie y tiene un sentido evolutivo aunque muchas veces deseemos quitárnosla de encima.

Si no conocieras la tristeza, tampoco sabrías valorar la alegría o la relación que has perdido. Por lo tanto, es recomendable, y evolutivamente sano, estar triste puntualmente aunque agote tus energías. Por ello, durante la travesía por el desierto es bueno cuidarte a ti mismo.

> La tristeza es un muro entre dos jardines.
>
> YIBRÁN JALIL YIBRÁN, poeta y pintor de origen libanés (1883-1937)

A veces se entra en el desierto porque ves sufrir a alguien querido y eso es lógico, no debes sentirte mal por ello, como también explica la ciencia. En un artículo publicado en 2004 por la revista *Science* sobre el estudio realizado por el London University College, se recoge un experimento que demuestra que las zonas del cerebro relacionadas con el dolor se activan cuando vemos sufrir a una persona que queremos o con la que nos identificamos. Esa sensación, además, crea un registro emocional similar al que sentimos cuando nos hacemos daño corporalmente, que no se olvida tan fácilmente. Así pues, si estás con alguien que lo está pasando mal, acepta que tu cerebro también lo siente. Eres empático por naturaleza.

> Y algunas veces suelo recostar
> mi cabeza en el hombro de la luna
> y le hablo de esa amante inoportuna
> que se llama soledad.
>
> JOAQUÍN SABINA, cantante

Pero más allá del dolor físico o del de nuestros seres queridos, también *te debilita mucho la soledad y la exclusión.* Ambas emociones duelen, y mucho, tanto como si te golpearan el cuerpo. Así se ha comprobado en una investigación realizada por dos universidades, la Universidad de California, Los Ángeles, y la de Macquarie, de Sídney. En un artículo publicado en la revista *Science* en 2003 se demostraba que las zonas de cerebro que procesan el dolor físico se activan cuando una persona se siente excluida. El experimento se hizo con un juego de ordenador, donde algunos participantes quedaban fuera durante un período de tiempo predeterminado. Si esto sucede con un simple juego, imagina cuando alguien se siente excluido por su raza, sexo, condición sexual o porque le cae mal al jefe o se siente abandonado en su relación de pareja.

> El infierno está todo en esta palabra: *soledad.*
>
> VICTOR HUGO,
> poeta y novelista (1802-1885)

Las personas nos hacemos malabaristas para evitar la soledad no deseada, aunque desconozcamos las conclusiones de la ciencia sobre su impacto en nuestro cerebro. Por eso, a muchos les asusta no estar a la altura de lo que se espera de ellos, porque ello significa perder el «derecho» de ser queridos y de quererse. La soledad no deseada merma la autoestima, provoca dolor y nos aterra, porque tiene un componente incluso evolutivo: en tiempos no tan lejanos, existían pocas posibilidades de continuar con vida si estábamos solos. Sin embargo, la evitación de la soledad explica las relaciones amorosas dañinas que se prefieren mantener bajo mil excusas. Para algunos, el dolor a la soledad es más intenso que el de arrastrar una relación muerta. Y como se dice en la bolsa, «como en la guerra y en el amor, lo valiente es saber retirarse a tiempo».

Por último, como mera curiosidad, un apunte sobre la soledad no deseada. Si piensas que la soledad es fría, las investigaciones han demostrado que la metáfora tiene su base científica. Los psicólogos Chen-bo Zhong y Geoffrey Leonardelli realizaron un experimento a través de un juego de ordenador, en el que un grupo de personas se sentía marginado del juego y otro, integrado. Cuando terminó la partida, los que se sentían marginados tendieron a escoger bebidas y comidas calientes; mientras que los que habían ganado, las prefirieron frías. Estos experimentos plantean la sugerencia de elevar un poco la temperatura de los lugares comunes para incentivar la interacción social, cosa que en verano probablemente evitaría la tensión habitual sobre las peleas por el aire acondicionado, y confirman a su vez dos hechos: la llegada del frío aumenta la tendencia a la tristeza, como habremos vivido casi todos con la llegada del otoño; y ante la soledad, un buen antídoto es el calor humano para transitar por momentos difíciles, como veremos en el siguiente capítulo.

Compañeros del desierto

La tristeza, el dolor y la soledad te acompañarán durante tu travesía del desierto hasta llegado un punto, en el que te despedirás de ellos.

En definitiva, si estás atravesando el desierto, has de saber dos cosas: primero, que *vas a tener como compañeros de viaje la tristeza, el dolor y la soledad*; y segundo, que *tu capacidad innata de supervivencia te ayudará a despedirte de ellos en algún punto del camino.* No te preocupes. La tristeza es incómoda, pero acaba pasando. El dolor, obviamente, duele, pero se puede modular. La soledad no deseada escuece (aunque estés muy acompañado), pero se puede neutralizar. Esta fase de la senda del héroe cotidiano es puramente emocional, pero podemos distanciarnos de ella y siempre aparecerán apoyos. Nadie la recorre por ti, pero, al menos, sentirte acompañado y conocer cuál es el proceso la hace menos asfixiante.

> La vida es como visitar al dentista. Siempre crees que lo peor está por llegar, cuando en realidad ya ha pasado.
>
> OTTO VON BISMARCK, primer canciller de Alemania (1815-1898)

Cuando el desierto se convierte en noche oscura

Toda aventura tiene su travesía del desierto y algunos desiertos, además, tienen su noche oscura, es decir, ese momento inolvidable en el que parece que todo se rompe. Casi todo el mundo ha atravesado noches oscuras. En mi caso, si tuviera que destacar la peor de todas, señalaría sin duda cuando tomé conciencia de que mi padre se iba a morir. Tenía veintidós años y él estaba enfermo de cáncer de pulmón. Como hemos visto en el capítulo anterior, mi negación me impedía ver lo que sería evidente para cualquiera. Mis resistencias mentales consistían en pensar que mi padre se salvaría, que a él no le podía suceder. Me negaba a aceptar la realidad y tenía argumentos de lo más sofisticado hasta que un día las evidencias fueron tan claras que comprendí que la opción que descartaba iba a ocurrir y pronto. Y fue en aquel momento cuando atravesé el umbral y entré en la noche oscura.

La noche oscura es un gran punto de inflexión en la vida, que oculta una sabiduría profunda: la derrota personal, o dicho de otro modo, el dolor, la muerte figurada o real o la soledad más ácida. Nadie puede llegar a ser un héroe sin sentir el vacío y su derrota. Como dice Paco Peñarrubia, experto de psicología gestáltica, «para transitar por el camino del héroe hay que entregarse a la tierra». Hemos dicho que es un acto de humildad, de *humus*. Es reconocer que no podemos con todo y que a pesar de nuestros disfraces de fortaleza, hay momentos que te acercan a tu fragilidad o a la de tus seres queridos. Esos instantes producen una extraña sensación de derrota, de dejar de ser omnipotentes, que no a todo el mundo le resulta fácil asumir, máxime cuando vivimos en un mundo donde el éxito es la expresión máxima de poder y de felicidad. Reconocer por un momento que las circunstancias te superan o que tus expectativas no se han cumplido ni se cumplirán es una aparente «derrota». Mientras uno siga negando el dolor, el dolor seguirá habitando en uno. Aceptar la derrota es ya una primera victoria y una reverencia a la vida.

Perder para ganar

La aceptación de la derrota y del dolor es el primer paso para salir de él.

En mi caso, la muerte de mi padre fue un golpe muy duro que me llevó a sufrir una depresión posterior. Dejé de escribir durante más de doce meses, había comenzado a los nueve años y en la escritura solía refugiarme; pero en aquel momento hasta la creatividad parece que se quedó dormida. Se rompen muchas creencias sobre *cómo* debería ser el mundo y te enfrentas a la frustración y a una pegajosa soledad, aunque estés rodeada de personas que te acompañan y que te ayudan. La muerte de un ser querido es también la muerte de una parte de ti, pero si algo aprendí es que en la muerte también habita la vida. La noche oscura gesta la creación de algo diferente, que es uno mismo, sin tantos miedos, ni tantas ataduras a lo que debería ser, sino desde la libertad, la aceptación y la autenticidad. Es un proceso que, cuando estuve dentro no lo vi, pero con el tiempo, reconozco que me ayudó a convertirme en una nueva persona. Agradezco lo que aprendí de mi padre y de su pérdida, de su sentido del humor hasta en el último momento de su vida, de las cosas amables que surgieron durante esos meses, de la entereza y cercanía de mi madre, de mi hermana y de mis abuelos, y del cariño de mis amigos. Y ahora, con el tiempo, me considero muy afortunada por la oportunidad de haberle acompañado y de haber vivido todo aquello.

> En el corazón de todos los inviernos vive una primavera palpitante, y detrás de cada noche, viene una aurora sonriente.
>
> YIBRÁN JALIL YIBRÁN, poeta y pintor de origen libanés (1883-1937)

Sugerencias para encender estrellas en la noche

¿Y cómo podemos encender estrellas en la noche oscura o encontrar oasis y vergeles en el desierto? Veamos a continuación algunas sugerencias en esta fase de la senda para acelerar la salida.

Dale campito *a la emoción*

La psicóloga Laura Rojas Marcos trabajó con los supervivientes de los atentados del 11 de septiembre. Dijo a su regreso a España, en enero del 2002: «No sólo me encontraba destrozada y agotada emocionalmente, sino también me invadía un sentimiento muy profundo de soledad, tristeza, miedo y desolación.» Laura decidió ser paciente de sí misma y permitirse sentir la tristeza y todos los sentimientos que la acompañaban. Y esta reflexión es el primer paso para dar luz a la noche oscura: hay que aceptar las emociones y sentir la ira por un despido injusto, la frustración por un error cometido o el miedo a la soledad. La caída y el dolor son inevitables en la senda del héroe cotidiano, hay que aceptarlos como parte de la aventura, aunque nos cueste. Hasta a los héroes de los mitos les ocurre, ¿cómo no nos va pasar a nosotros?

Las cosas te duelen y sufres, sin más explicaciones racionales. Sientes porque sencillamente eres mamífero, y cualquier camino para salir de las dificultades y del dolor ha de pasar por el desierto o por la noche oscura, y por vivirla con intensidad. En este punto no sirven los cierres en falso. No has de sentirte culpable por no ser más fuerte. Es absurdo. Tampoco hay que machacar a quien está viviendo su propia travesía del desierto con frases del tipo «tienes que ser más fuerte». Eso no ayuda. Son momentos en los que se requiere mucho espacio, ya sea la pérdida de un puesto de directivo o el suspenso de un examen. El dolor tiene un proceso y ciertos comentarios en esos instantes de debilidad son bastante perjudiciales para el otro.

En este punto, me gusta recordar la expresión de la maestra uruguaya en danza y desarrollo personal, Graciela Figueroa: «Dale *campito* a la emoción», es decir, dale espacio, siéntela.

Dar espacio a la emoción

Las emociones hay que aceptarlas y permitirse sentirlas, sin culparse por ellas ni pretender entenderlas.

Distánciate de la emoción

> El sentimiento que se convierte en sufrimiento, deja de serlo en cuanto nos formamos una idea clara y precisa del mismo.
>
> BARUCH SPINOZA, filósofo holandés (1632-1677)

La tristeza es como un tubo que te vacía por dentro. Ésa fue la imagen que me contó una persona que lo estaba pasando muy mal tras la ruptura con su pareja. Lloraba y no sabía cómo separarse del dolor. Había conseguido aceptarlo y llevaba varios días que parecía un funeral ambulante. Le había dado *campito*, pero ahora necesitaba dar un paso más. Y lo que hizo fue visualizar la tristeza, separarse de ella. Pensó: «¿Cómo es?» La vio como un tubo gris ancho, como si fuera parte de una tubería. La contempló. No era tan fea como se imaginaba al principio, incluso pensó que gracias a ella se podía transportar el agua. Y dicha sensación la liberó aquella noche. En el fondo, un ejercicio tan simple es una técnica poderosa para separarse de la emoción. Para tomar distancia puedes llevar un diario en el que escribas todas las noches lo que has sentido: tus estados de ánimo y pensamientos. Escribe sobre lo que sientes, sea lo que sea, sin juzgarlo, sin pensar en dejárselo leer a otra persona. Hazlo como un regalo para ti.

Las emociones que duelen hay que expresarlas. Por eso es importante contar con buenos amigos o especialistas que te ayuden en momentos complicados, como veremos a continuación. Gracias a ellos, sabes que tienes un hombro en el que apoyarte. Pero tampoco se han de intensificar las emociones, porque se corre el riesgo de que se conviertan en estados emocionales de mayor duración en el tiempo, como ocurre con el miedo.

En definitiva, esta fase está tejida de emociones y lleva su tiempo hasta que consigues desenredarte de ellas. El desafío no está en evitar sentirlas, sino en que sean tus invitadas, no tus huéspedes, darles su espacio y distanciarte de ellas sin permitir que habiten en ti indefinidamente. Recuerda: ni eres la tristeza, ni la soledad, ni el miedo. Eres mucho más. Ante lo que te parece terrible, piensa: «¿Qué sería lo peor que podría ocurrirme? ¿Podría hacer algo?» Por eso, es bueno tomar distancia para observarlo con calma, contemplar su cara amable y saber que no eres esclavo de esas emociones.

No eres la emoción

Una vez que hayas aceptado la emoción, tienes que contemplarla y distanciarte de ella.

No tomes decisiones importantes

Si estás en plena travesía del desierto, no tomes decisiones importantes, porque tu mente no está en su mejor momento y puedes arrepentirte después. Las emociones tienen tal poder, que son capaces de afectarte hasta si el problema es una simple multa de tráfico. Así lo han puesto en evidencia científicos de la Wharton School. Cuando uno recibe una multa de tráfico por exceso de velocidad, ese día o los siguientes, dependiendo de cómo se lo tome o del importe de la infracción (suponemos), sus opiniones sobre las personas que conozca se verán afectadas; es decir, en esos momentos no es bueno ir a pedir un aumento de sueldo al jefe recién multado o conversar sobre aquello importante que llevas mucho tiempo queriendo decir. Mejor dejarlo para otro momento. Si eres tú el afectado, entonces, has de saber esperar a que se te pase el enfado si es puntual, y no tomar decisiones trascendentes si estás en esa etapa.

Si lo anterior te puede ocurrir por algo tan nimio como una multa, ¿qué no te sucederá cuando estás en mitad del desierto por una ruptura de pareja, despido o frustración de tus expectativas? Ése es el motivo por el que a veces cuando alguien está en sus peores momentos se le ocurre llevar a cabo todo tipo de cambios radicales en su vida. Todo ello son huidas de una realidad que, desgraciadamente, aunque se fuera a las antípodas, seguiría acompañándole. Por ello, identifica que no estás bien y pospón decisiones relevantes.

No tomar decisiones importantes

Identifica que no estás bien y no tomes decisiones importantes.

Perdona y perdónate

Una forma de liberarse de algunas emociones es perdonándose a uno mismo o a los otros. Una heroína cotidiana me comentó el caso de su hija, con un trance muy complicado de adicciones que le podían llevar a la muerte. Además del dolor causado por verla en ese estado, sufría también por una sensación de culpa. Para ella, fue clave perdonarse a sí misma. «A partir de ahí, vino el cambio de mis actitudes, de mis creencias en relación con ella y pude superar el miedo», dijo. Un hombre sufría por el hecho de sentir rabia hacia aquellos que habían provocado su despido y tratado injustamente. Él asociaba que la ira le hacía ser «mala persona» y prefería inconscientemente ocultar dicha emoción antes que reconocer su dolor. El paso fue similar: «No me puedo culpar por aquello que siento», mencionó. No sólo hay que aceptar lo que se siente, sino en algunos casos, también perdonarse por sentirlo.

A veces, la sensación de culpabilidad tiene orígenes muy difusos para la razón. Podemos pensar que somos culpables por sentir ira, morbo o curiosidad en algunos aspectos mal vistos socialmente, o culpables por no sentir más amor del que nos gustaría experimentar. El perdón hacia los otros y hacia uno mismo de los errores o de las emociones vividas es un bálsamo. Tu juez interior puede exigirte siempre más, cuando tus recursos y posibilidades son siempre limitados y tú eres real, no perfecto como dice el experto en desarrollo personal, Joan Garriga. Descansar en el perdón es una de las claves de la psicología positiva según su gran investigador, Martin Seligman, ya que éste transforma la amargura en neutralidad o incluso en recuerdos de tinte positivo.

> No puedes hacer daño al culpable no perdonando, pero puedes liberarte perdonándolo.
>
> Martin Seligman, director del Departamento de Psicología de la Universidad de Pensilvania

Perdonar no significa olvidar, sino cambiar las etiquetas del propio pasado y para ello, Seligman sugiere los siguientes pasos: recordar el daño de la forma más objetiva posible, desarrollar la empatía para entender qué movió a esa persona a hacerte daño, recordar cuándo fuiste tú agresor y, sin embargo, se te perdonó, y comprometerte con perdonar. Y todo ello porque el perdón es, en definitiva, una de las claves para sentir una vida más plena y satisfactoria, y para aligerar la travesía por el desierto.

Perdonarse y perdonar

Perdonar los errores ajenos y los propios.
Perdonarse por lo que se siente.

Agradece

«Si te has caído, al menos aprovecha para comer las manzanas que encuentres en el suelo», me dijo un buen amigo hace años. Y eso nos sirve para abordar una enfermedad, una quiebra, un despido, un error o cualquier otra dificultad que nos haya tocado. Las ciento sesenta y tres personas que han participado en el estudio sobre cómo han afrontado situaciones difíciles en sus vidas, todas ellas, han afirmado que les sirvió para plantearse sus principios básicos y para ser más fuertes, y así lo recoge también Laura Rojas Marcos cuando habla de su propio proceso de duelo: «A pesar del dolor, del miedo y del sufrimiento, todo se supera con paciencia, amabilidad con uno mismo y con el tiempo. Es evidente que la experiencia no se olvida, sin embargo, se puede aprender a vivir con ello. Al final, formará parte de nuestra propia biografía, formará parte de nuestra esencia.»

El agradecimiento genera además más felicidad que el mero placer, conforme a la investigación de Martin Seligman, quien recomienda que escribamos una carta a una persona a la que le estuviéramos muy agradecidos por algún motivo y nunca se lo hubiéramos dicho. Después, hemos de quedar con dicha persona y leer nuestra carta. Con esta técnica se ha comprobado que aumentan los niveles de felicidad considerablemente. Otra sugerencia es la de escribir cinco cosas de las que estás muy agradecido antes de dormir que hayan ocurrido a lo largo de ese día. Se ha de hacer durante un mes, y de manera consciente y reflexiva, ya que es la forma de conseguir que se incorpore como un hábito. Esta última técnica, además, es especialmente recomendable si estás en pleno desierto, porque el agradecimiento consigue que veas la cara amable al proceso.

Dolor que enseña

Una cualidad del héroe cotidiano consiste en aprovechar las oportunidades de aprendizaje, sin quedarse en el resentimiento o en el odio.

Y, por supuesto, confía

La suerte hay que buscarla, dicen Álex Rovira y Fernando Trías de Bes, y el fracaso es siempre relativo. Muchas de las cosas que vivimos y que en principio nos pueden parecer un desastre, después, con el tiempo, nos tranquiliza que hayan ocurrido, como un despido, una ruptura de pareja, un proyecto no conseguido. Podemos decir que *cualquier pérdida es una ganancia en otro nivel*, a veces de una manera muy sutil: aprender cosas que de otro modo hubiera sido imposible, generar una mayor compasión hacia el dolor ajeno, actuar como ejemplo para otras personas...

Por ello, lucha para conseguir tus metas porque, de otro modo, el remordimiento de no haber puesto «toda la carne en el asador» puede llegar a ser muy desesperante; y si fracasas, aprende de ello, confía en que algo habrás ganado, aunque sea muy etéreo y *ten la certeza que de los desiertos y de las noches oscuras se sale*. De algún modo, así lo explica la *Epopeya de Gilgamesh*, con la que hemos empezado el capítulo: «Después de once leguas, la luz del alba apareció. Al final de doce leguas, surgió el sol.» No se puede echar marcha atrás, porque nada es igual, y el único camino es avanzar. Como dice Paco Peñarrubia, «lo que te sostiene es la inevitabilidad», es decir, no te queda más remedio que continuar, y eso es positivo.

Cuando uno está sumergido en la desesperación en pleno desierto o noche oscura, la certeza que de ahí se sale ha de ser el bote salvavidas al que agarrarse. No eres único en esto. Mucha gente ha vivido lo mismo y lo vivirá en el futuro y el tiempo es un maravilloso ungüento que se extiende para cicatrizar las heridas. Estas certezas no te anularán el dolor, ya que sabes que es inevitable, pero al menos actúan como estrellas en la noche que te dan esperanza para continuar.

Certeza de que sale

Nada es eterno. De todas las situaciones se sale de una forma u otra y se ganan cosas, aunque sean sutiles. Esta certeza es un faro para atravesar la noche.

En una noche oscura,
con ansias en amores inflamada,
(¡oh dichosa ventura!)
salí sin ser notada,
estando ya mi casa sosegada.

San Juan de la Cruz

Claves de la etapa de la senda:

EL DESIERTO Y LA NOCHE OSCURA

En esta etapa de la senda de los héroes cotidianos, el reto está en identificar la sombra, atreverse a cruzar el umbral y atravesar el desierto personal y la noche oscura, confiando en que de ahí se sale reforzado. Para ello te enfrentas a los siguientes desafíos:

— Enfréntate con humildad a tu sombra, atrévete a cruzar el umbral y a superar tus posibles resistencias producidas por el orgullo, el resentimiento, la sed de justicia, la necesidad de culpar a los demás, el victimismo o la adicción al dolor.
— Recorre la travesía del desierto o vive la noche oscura, lo que supone aceptar la derrota y el dolor, y asumir emociones incómodas, como la tristeza o la soledad.
— Da espacio a las emociones que sientes, sin negarlas ni amplificarlas; y distánciate de ellas, visualízalas y ten presente que tú no eres dicha emoción.
— Expresa la emoción que te daña, apóyate en un hombro amigo o en especialistas si crees que lo necesitas.
— No tomes decisiones importantes si estás en pleno desierto, ya que luego podrías arrepentirte.
— Perdónate y perdona a los demás. Eres persona real, que no perfecta.
— Agradece todo cuanto has vivido cada día. Incorpora el agradecimiento como un hábito en tu mente; y aprovecha las oportunidades de aprendizaje que se brindan en este proceso.

— Confía en que cualquier pérdida es una ganancia en otro nivel, y en toda noche siempre se gesta un nuevo proyecto de uno mismo más libre y más auténtico.
— Y ten la certeza de que saldrás de ahí.

Preguntas para la reflexión

— ¿Cuál es tu sombra? ¿Es un viejo comentario del pasado, está relacionado con una persona, con un conflicto enquistado o una situación de la que siempre has huido?
— ¿Cuál es tu umbral? ¿Cómo es tu zona de dragones? ¿Cómo has llegado a él, por decisión propia o porque las circunstancias te han empujado?
— Si atraviesas el desierto, ¿qué podría aportarte? ¿De qué te serviría para tu futuro?
— ¿Te permites sentir el dolor? ¿Tienes oportunidad de expresarlo?
— ¿Qué puedes aprender de todo ello?
— ¿Cómo puedes distanciarte de la tristeza, el dolor o la soledad? ¿Qué puedes hacer?
— ¿A quién tienes que perdonar? ¿Qué ventajas obtienes de no hacerlo?
— ¿A quién puedes agradecer por lo que te ha ayudado o enseñado? ¿Qué cinco cosas puedes agradecer hoy que te hayan ocurrido?

4. Iniciamos una nueva realidad: la esencia, la ayuda y los sueños

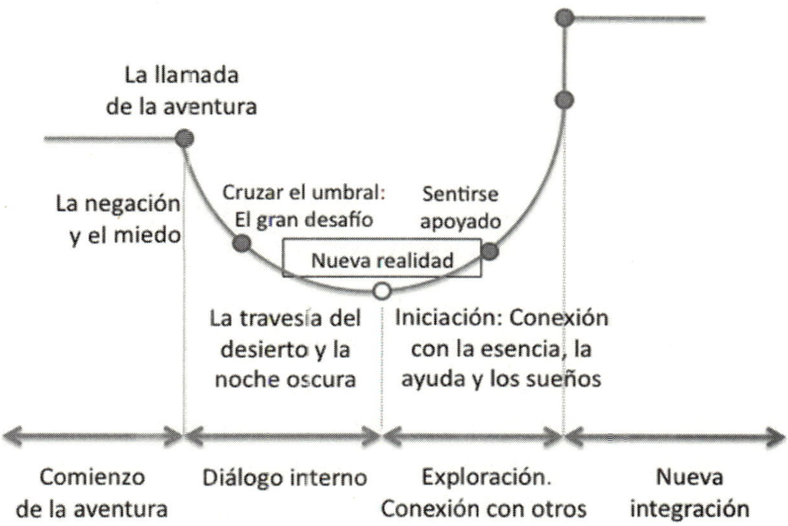

No hay héroe sin una iniciación en la que tenga que superar pruebas y dificultades. Ocurre en la historia de las religiones —con Cristo, Buda o Mani—, en los mitos y leyendas tradicionales —con el rey Arturo o el Cid—, con personajes históricos —como Marie Curie o Alejandro Magno— y por supuesto, en las películas —con personajes como Luke Skywalker o Indiana Jones—. Es el proceso del aprendizaje y una fase esencial: después del desierto comienza a nacer una nueva realidad y es en este momento cuando gana protagonismo el maestro o el amigo.

Cenicienta sale del sótano de la madrastra gracias al hada madrina que aparece en el momento más oportuno;

Ariadna le da a Teseo el hilo con el que entra en el laberinto y mata al Minotauro, y Merlín ayuda al rey Arturo. El mensaje está claro: siempre hay alguien que allana el camino del héroe y eso es lo que pretenden enseñarnos los cuentos y los mitos, en definitiva, la sabiduría popular. Dicho apoyo les recuerda su grandeza, les aporta recursos para sacar lo mejor de sí mismos y les hace entender que pueden atravesar el desierto y alcanzar sus sueños.

Si la anterior etapa de la senda es, utilizando el lenguaje informático, una especie de *reseteo* de muchas de las cosas que creías que eran ciertas y que las circunstancias han desmontado, las dos etapas siguientes suponen una nueva configuración de ti mismo. *Mientras que la negación y la travesía del desierto son un camino hacia dentro, la iniciación o el aprendizaje suponen una conexión con uno mismo y con los otros.* Pero para comenzar con este nuevo aprendizaje o iniciación, necesitas primero conectarte con tu esencia y reforzar tu compromiso, sentir el apoyo exterior y rediseñar nuevos sueños. Todo ello te permitirá adquirir nuevos recursos y capacidades. Este proceso no está exento de dificultades, de reencuentros con la sombra o de nuevas pruebas que deberás superar, como se describe en el mundo de los mitos. Sin embargo, es la preparación necesaria para el reencuentro definitivo y para poder concluir la aventura por la que comenzaste el camino.

Veamos a continuación cómo conseguir la conexión con tu esencia, los apoyos que te ayudan y la fuerza de los sueños. En el siguiente capítulo analizaremos la materialización del aprendizaje y de la iniciación.

Regresa a tu esencia

Eres libre para decidir quién quieres ser

> En una noche estrellada, un anciano de la tribu de los *cherokee* estaba enseñando a sus nietos a través de cuentos. Les dijo: «Hay una lucha dentro de mí, una lucha terrible entre dos lobos. Uno de estos lobos representa el miedo, el otro el amor. Esta misma lucha existe dentro de vosotros y de todos los demás.»
>
> Durante unos segundos, los nietos se quedaron en silencio, sin pronunciar palabra. «Abuelo, ¿cuál de los dos lobos va a ganar?», preguntó por fin uno de ellos. El anciano le sonrió calmadamente y respondió: «Aquel que yo decida alimentar.»

El desierto te ha despojado de ciertas «seguridades» y te ha introducido en un carrusel de emociones que te erosionan: miedo, tristeza, rabia, que son el equivalente a uno de los lobos, según el cuento *cherokee.* Sin embargo, aunque estés atravesando una noche muy oscura, no has de olvidar que hay algo inmutable en ti: el amor, quererse y aceptarse, que es la base de tu grandeza y que equivale al otro lobo. Y como se desprende del cuento, aunque lo estés pasando mal, no olvides que esa parte también está dentro de ti. Conectarse con ella es conectarte con tu *centro* neurálgico. De esa manera comienza la iniciación.

El objetivo del héroe cotidiano es actuar como un junco frente a las dificultades, que es flexible, capaz de adaptarse, y al mismo tiempo, no pierde el centro. Dicho centro es tu esencia como persona y si te adentras en esa energía, no te dominará el miedo, como dice Xavier Guix, en su libro *Descontrólate.* Para mí es posiblemente la experiencia más mágica que he sentido y por la que la vida toma un sentido pleno. Estoy segura de que todos la hemos podido experimentar alguna vez en nuestras vidas, con alguien especial, entre amigos, disfrutando de una afición o contemplando un paisaje envolvente. Es la sensación de ser tú mismo y de grandeza, y al mismo tiempo, de sentirte parte de un todo, como si fueras agua en un océano amoroso. Tu esencia, el amor a uno mismo y hacia otros, es donde reside la fuerza para despertar de las noches oscuras y apelar a tu capacidad como héroe cotidiano. Y lo más importante, puedes hacerlo tal y como lo explican los filósofos, lo recitan los poetas y lo demuestran los científicos.

> El amor no es necesario para vivir, pero sí para que merezca la pena vivir.
>
> MARIANO YELA, catedrático de la Universidad Complutense (1921-1994)

Elegimos

Dentro de ti tienes dos tipos de emociones: las que te dañan y las que te ayudan a superar los cambios y las dificultades. Va a depender de ti a cuáles les das más importancia.

Tienes un gran poder para influir en tu cerebro, aunque no siempre seas consciente de su tremenda plasticidad. Si introduces emociones positivas en tu vida, afectará a su «cableado», como ha demostrado Michael Merzenich, neurocientífico de la Universidad de Berkeley. Midió la actividad cerebral de monjes budistas que meditaban y comprobó cómo dicha actividad era capaz de moldear sus pensamientos. Lo resumió del siguiente modo: «Cada momento elegimos y esculpimos cómo va a trabajar nuestra siempre cambiante mente, elegimos quién seremos en el siguiente momento.»

Si has vivido alguna situación difícil, seguramente se habrá quedado registrada a través de un fenómeno que se llama RAM (registro automático de la memoria) en una zona de la corteza cerebral del tamaño de la cabeza de un alfiler. Sin embargo, no significa que vayas a tenerla presente. De hecho, según el psiquiatra Augusto Cury, el reto está en superponer a esas experiencias negativas otras más placenteras y reforzarlas. Dicho de otro modo, la ciencia ha demostrado que eres libre para decidir qué tipo de emoción quieres reforzar, qué clase de persona deseas ser o a qué lobo quieres alimentar, según el cuento *cherokee.* Una vez más y superado el trauma, no valen las excusas por lo vivido. A pesar de los desiertos, *tienes la fuerza de remontarte, de renacer de ti mismo como un ave fénix y de bucear en la parte de tu esencia amorosa.* Hasta quienes han sufrido en campos de exterminio o han tenido infancias dolorosísimas, abogan por la capacidad de tener una vida plena. Como resume el experto en resiliencia Boris Cyrulnik, prisionero de niño en campos de concentración, «una infancia infeliz no determina la vida». Y la clave está en el amor. Veamos algunas sugerencias para lograrlo.

Sugerencias para encontrar tu grandeza

Conéctate con tus emociones positivas

En la Universidad Bar Ilan de Israel hicieron un experimento muy interesante. Se les pidió a un grupo de estudiantes israelíes judíos que evaluaran a otro grupo. Los investigadores manipularon los datos de manera que los evaluadores pensaran que algunas de las personas a quienes examinaban eran árabes, cuando no era cierto... Como era de esperar, los hipotéticos árabes fueron evaluados de forma negativa: los encontraron impulsivos, vagos. En una segunda ronda, se les pidió a los mismos evaluadores que recordaran momentos en los que se habían sentido muy queridos. Con dicha sensación, volvieron a examinar a otro grupo similar al anterior y ¡sorpresa! Las evaluaciones cambiaron y no hubo diferencias con los supuestos árabes. El motivo es neurológico. Los recuerdos de amor activan circuitos mentales que están relacionados con la seguridad emocional, la autoestima, la confianza en uno mismo y sin necesidad de fármacos, ni de parejas que te rescaten, ni de éxitos que te hagan sentir lo maravilloso que eres.

El camino de la grandeza está en tus manos y en tu cerebro. Así pues, si quieres sentirte bien, *recuerda a las personas que te quieren y a las que tú quieres o instantes en los que te sentiste muy querido.* Llena tu casa o tu despacho de recuerdos que te hagan sentirte a gusto contigo mismo y retira aquellos que parece que te absorben la energía. Y recuerda: estás en la mayor parte de los sitios porque quieres. Eres libre. Pensar en ello te ayudará a conectar con tus emociones positivas.

En un taller de trabajo, una persona arremetió contra la empresa en la que estaba. Criticó duramente la dirección, seguramente tenía motivos, y parecía que la situación le amargaba el carácter. Sin embargo, no era consciente de que era libre para irse. Le pregunté: «¿Qué te impide marcharte?» Después de unos segundos de reflexión respondió: «Esta empresa es una gran compañía, un sitio seguro y estable. Además, me gusta mi trabajo.» Comenzó a hablar de las excelencias de trabajar ahí y su estado de ánimo cambió. Estaba viendo los beneficios de su compañía. No era todo tan negro, ni mucho menos. Por supuesto, la búsqueda de la perfección puede ser un motor para superarte, pero también se corre el riesgo de convertirse en argumento para amargarte la vida. Nada es perfecto y quedarse en lo que te falta en vez de en lo que tienes es un mal aliado para uno mismo. Por ello, si tomas conciencia de tu libertad y de las ventajas que te aporta lo que has conseguido, saboreas emociones mucho más dulces y saludables para tu cerebro.

Recordar y ser libres

Recordar momentos agradables y asumir tu libertad te da fuerzas para salir de los desiertos.

Quiérete sin tus disfraces

La travesía del desierto tiene la «habilidad» de despojarte de ciertas «seguridades» y lugares cómodos: te has enfrentado a un problema, tus expectativas hacia alguien se han desmoronado, parece que no eres tan perfecto como pensabas o tu concepto del amor o del trabajo se ha ido al traste. En cualquier caso, te has quedado sin los disfraces que posiblemente te daban la seguridad en ti mismo, como ser un chico bueno, seductor, triunfador, racional, fuerte... Ahora es el momento de pensar. Piensa cuál es el rol que se ha puesto en juego en toda esta aventura; cómo te sientes sin él. Si tu disfraz se ha dañado, ¡enhorabuena! Éste es un gran momento aunque te duela. Te enfrentas a ti mismo y desde ahí es desde donde has de aprender a quererte.

> Amarse a uno mismo es el comienzo de una aventura que dura toda la vida.
>
> OSCAR WILDE, escritor irlandés (1854-1900)

Aprender a quererse supone aceptarse y ajustar las propias expectativas sin caer en la autocomplacencia, por supuesto. Para ello, reconoce que eres una persona real, con defectos e inseguridades; pero al mismo tiempo, reconoce que eres una persona única, insustituible y merecedora de amor auténtico. *No necesitas esas seguridades artificiales para ser querido o querida por los que realmente te importan.* Puede que el mundo te exija a veces mostrar un determinado disfraz, pero nunca has de confundirlo con tu esencia o tu autenticidad. Y aunque de pequeño pensaras que uno sólo merece ser amado si se comporta de una manera determinada, la senda del héroe cotidiano te conecta con tu grandeza como persona sin disfraz de ningún tipo. Piensa que ahí está tu auténtica fortaleza.

Autenticidad

Quererse sin los disfraces es querer la autenticidad de uno mismo.

Admite tu fragilidad

> Es el tiempo que le has dedicado a tu rosa lo que la hace tan importante.
>
> ANTOINE DE SAINT-EXUPÉRY, *El Principito*

El Principito quiere a su rosa por el simple hecho de ser ella misma. Sin embargo, el rey, el hombre de negocios o el geógrafo a los que conoce el Principito en su viaje tienen un rasgo común: quieren ser especiales porque mandan mucho, porque tienen mucho dinero o porque tienen muchos conocimientos. La búsqueda de ser especial o de tener algo te aleja de tu esencia y de tu ser, y vuelve a convertirse en un disfraz. Amar la «grandeza» se acerca más a la admiración o la búsqueda de un ideal que al amor. La esencia es un amor auténtico y sólo desde ahí sales de las noches oscuras. Amar es una decisión, decía Erich Fromm, y es la principal llave que te abre la puerta para salir del miedo y de las noches oscuras, aunque ello suponga aceptar tu propia fragilidad.

Invertimos mucho tiempo convenciéndonos de que somos más fuertes de lo que somos en la realidad, pero si algo consigue una travesía del desierto es arrancarnos dicha certeza. He observado que gran parte de las cosas que nos duelen encierran una actitud prepotente por nuestra parte (y perdón por el término). Pensamos de manera inconsciente que a nosotros no nos pueden ocurrir ciertas cosas, como ser despedidos, caer enfermos o tener una ruptura; que lo controlamos todo, que tenemos la capacidad de decidir sobre la voluntad de otros, ya sea la pareja, los colaboradores, los amigos o la familia. Y una vez más, error del sistema.

Fragilidad

Reconocer nuestra fragilidad es un paso para querernos y querer a otros.

Aceptar que eres frágil y pequeño ante los acontecimientos que te superan es un gesto de humildad no sólo mental sino también emocional (recuerda el acto de los caballeros, que se arrodillan para ser nombrados) y te abre las puertas para la auténtica fuerza, que es la del amor. Sólo desde la humildad puedes comenzar a reconstruirte por dentro, a perder tus disfraces y a saber que aunque los utilices a veces, no conforman tu esencia. Tu grandeza no está en tu equipaje ni en ser el gran triunfador, la sufridora eterna o el defensor de causas perdidas. La grandeza está dentro de ti, aunque muchas veces puedes estar perdido hasta de ti mismo. Además, hay un dulce placer en descansar en lo pequeño de uno y en lo que te rodea. Por ello, acéptate sin las «grandezas superficiales», no te desprecies por tus fragilidades y piensa en que ahí reside tu auténtica fortaleza.

Sé tu mejor amigo

¿Qué te dices cuando te equivocas o cuando has metido la pata en público? Puede que te digas: «Mira que soy inútil, no podría ser más tonto» y demás piropos. Y ahora te pregunto: a una persona a la que aprecias y que comete el mismo error que tú, ¿qué le dices? ¿Le dirías lo mismo? La respuesta probablemente sea no.

Quererte significa también ser amable contigo mismo. Si muchas cosas que te dices se las dijeras a un amigo, me extrañaría que tu amistad durara mucho. No cabe duda de que si existiera un club de automaltratadores verbales, tendría muchísimos miembros. *Ser tan duro con uno mismo no es necesario.* De la autoestima a la autocomplacencia hay un trecho muy grande, y por educación o por cultura hemos creído que siendo duros con nosotros mismos vamos a dar lo mejor en el trabajo o en la vida. Pero no es necesario. Se puede vivir sin esa voz acusadora o ¿crees, acaso, que tú la necesitas?

En uno de los encuentros de científicos occidentales con el dalái lama, uno de los asistentes le preguntó su opinión sobre la falta de autoestima. El dalái lama tuvo que consultar con su traductor porque creía no haber entendido la pregunta. Dijo extrañado: «¿Cómo no te vas a querer a ti mismo?» Una respuesta soberbia. Si quieres amar y sentir tu grandeza como persona, quiérete tal cual eres y sé tu mejor amigo o amiga. Eso implica ser amable contigo mismo y con lo que te dices. Cambia los verbos de tus expresiones. No te digas «soy un inútil», porque el verbo *ser* es inmutable. Di «me he equivocado», como también es recomendable cuando hablamos a terceros, a nuestros hijos, compañeros, pareja... Poco a poco, puedes hacerlo. Recuerda la plasticidad de tu cerebro. En definitiva, como resume de una manera maravillosa Graciela Figueroa, maestra en danza y crecimiento personal: «Cuídate con el manto de amor y sabiduría.»

Acepta el posible dolor de ser tú mismo

> El joven príncipe Gautama Sakyamuni, el futuro Buda, había sido protegido por su padre de todo conocimiento de la vejez, la enfermedad, la muerte y la vida espiritual, precisamente para evitar que su hijo renunciara a los placeres de la vida. Para ello, dio al hijo tres palacios y puso a su disposición cuarenta mil bailarinas. Sin embargo, los dioses provocaron cuatro encuentros diferentes con un anciano, un enfermo, un muerto y un monje, lo que se ha denominado «las cuatro señales», que le animaron a retirarse del mundo con el consiguiente disgusto del padre.

Los grandes héroes de los cuentos, de la mitología y de las religiones definen su propio camino, como se recoge en la bella historia del joven Buda, en los cuentos tradicionales o en los héroes de las películas. Todos ellos dibujan su destino: buscan, cuestionan el entorno y aprenden a quererse desde sus principios personales. Quererse y conectarse con la esencia significa a veces cuestionar el propio contexto.

Cuestionar lo que nos rodea no significa ir por la vida al estilo de James Dean en *Rebelde sin causa*, sino mantener la firmeza en las propias convicciones. A veces no nos queda más remedio que acatar decisiones que no nos agradan, como nos sucede frecuentemente en el trabajo, pero internamente no podemos perder el norte (no olvidemos que el objetivo es ser un junco, flexible pero enraizado). Quererse también significa ser honesto con uno mismo y ser leal a los principios que deseas en tu vida, aunque eso pueda significar a veces soledad e incomprensión, incluso de las personas más queridas. Un héroe cotidiano ha de asumir que un camino de búsqueda y crecimiento personal puede suponer en determinados momentos alejarse de otros, quizá sintiéndose un poco culpable. Como dice el psicólogo Joan Garriga, la culpa puede formar parte del precio de crecer. Eso significa que a veces *para ser tú mismo puede que tengas que salir de la carretera de los deseos que han puesto otros sobre ti, sean padres, amigos, jefes o pareja.*

> Primero debes ser una buena persona y tener un fuerte sentido de identidad. Inmediatamente después, todas las fuerzas del mundo se convierten en herramientas para tus propósitos.
>
> ABRAHAM MASLOW, psicólogo humanista estadounidense (1908-1970)

Una mujer que ocupaba una posición de mando intermedio comentó en un taller de trabajo la oferta que había recibido para asumir un puesto directivo con el que había estado soñando desde hacía tiempo. Sin embargo, cuando tuvo la oportunidad, no sabía si aceptarla. El motivo: la presión familiar porque ese nuevo puesto le suponía viajar más de lo que su familia estaba dispuesta a asumir. Estaba en medio de un conflicto. Por un lado, ascender en su carrera profesional; por otro lado, lo que también necesitaba, apoyo familiar. En esta encrucijada hay que decidir a qué parte de uno mismo se quiere ser leal, si al deseo profesional o al apoyo familiar. En el fondo, es el gran debate del que habla Rogers, el padre de la psicología humanista. Las personas buscamos desarrollarnos y ser queridas y a veces, estos deseos resultan incompatibles. La conclusión en este punto la da el propio Rogers: el amor no está condicionado, aunque me temo que sea difícil de encontrar y, por supuesto, de sentir. *Si buscamos que nos quieran teniendo que aceptar las creencias de otros, rechazando las propias, estaremos pagando un precio.* Hemos dicho que el héroe cotidiano tiene la dualidad de quererse a sí mismo y de comprometerse con algo que le trasciende y esa búsqueda, no cabe duda, implica un equilibrio muchas veces inestable.

Compromiso con uno mismo

Implica ser fiel a los principios personales y asumir quizá la soledad y la incomprensión que a veces conlleva.

En otras palabras, el compromiso sólo hacia otros sin ser fiel a uno mismo tiene un coste elevado. Decidir es renunciar, o como ya cantó Bob Marley: «Cuando una puerta se cierra, aunque no lo veas, otra se abre.» De una forma muy simpática se da en las ceremonias matrimoniales cuando se dice: «Juan, ¿aceptas a María como tu legítima esposa?» Cuando realmente la pregunta correcta sería: «Juan, ¿rechazas al resto de mujeres por María, tu legítima esposa?» (y viceversa, por supuesto). En fin, si ya hay crisis en el número de bodas en Occidente, con este tipo de frases me temo que se agravaría... en cualquier caso, es una metáfora para comprender que cualquier decisión implica una renuncia y un coste que hay que asumir. Si regresamos al caso de aquella mujer que tenía un conflicto entre el ascenso y la familia, lo mejor es ayudarla a reflexionar sobre el coste que cualquier decisión implicaría para ella. No cabe duda que la soledad es dolorosa pero no hay que olvidar que la traición a un sueño también lo es y cada cual ha de decidir qué precio está dispuesto a pagar.

Por ello, piensa que absolutamente cualquier decisión que tomes implica un coste, aunque sea sutil, que hay que asumir y que es parte del proceso de la vida. Resultaría peor no decidir nada por miedo al error. *Quererse y conectar con tu centro también es una decisión y por tanto, no está exenta de posibles costes.* La búsqueda del equilibrio entre quererte y comprometerte con otros lleva su tiempo y no siempre es una tarea sencilla. Tranquilo o tranquila si no lo consigues a la primera de cambio, forma parte del arte de vivir y del proceso del héroe cotidiano.

Amor

Lo que te rescata de tus noches es que te quieran y quererte; lo que ayuda a otros es quererlos tal cual son.

Comprométete con algo que te trasciende

Decisiones que rescatan a otros

Jaume Sanllorente es un joven periodista que con menos de veinticinco años hizo un viaje de turismo a la India. Por distintos motivos, entró en contacto con las clases repudiadas por la sociedad y conoció el drama de los niños indios cuyos padres los envían a prostíbulos o comercian con ellos para sacar dinero a los turistas. Su vida cambió cuando conoció un orfanato con cuarenta niños que iba a cerrar por escasez de fondos y vio que en la puerta había un coche esperando pacientemente su cierre para tomar a los niños y llevarlos a un prostíbulo. Jaume decidió evitarlo. Y esa decisión cambió la vida de él y la de muchas otras personas. Volvió a España, creó la ONG Sonrisas de Bombay y regresó a la India para comenzar una andadura que en pocos años ha conseguido gestionar el orfanato, dos escuelas y varios proyectos con pacientes de lepra. En la actualidad, ayuda a más de dos mil niños en Bombay y les ofrece un futuro mejor.

Leí la historia de Jaume en su libro *Sonrisas de Bombay* y me conmovió. Él es un claro ejemplo de héroe cotidiano y de amor hacia los otros, que le trasciende. Y precisamente la cualidad que diferencia a los héroes de los antihéroes o de los villanos de las películas o de la literatura es su compromiso hacia los otros o hacia un bien común. Los antihéroes también son resilientes y capaces de reponerse de situaciones difíciles, sin embargo, no tienen ninguna sensibilidad hacia sus semejantes... aunque no hace falta irse al celuloide para comprender que este comportamiento es más habitual de lo que nos gustaría. El egoísmo a ultranza o la búsqueda de los intereses propios pisando a los otros están a la orden del día y nos aleja de la actitud del héroe cotidiano. Por ello, si deseas desarrollar tu capacidad heroica, además de aprender a quererte y adentrarte en tu esencia, necesitas amar algo que te trascienda y comprometerte con ello: a otras personas, como Jaume Sanllorente; una causa que ayude a otros, como apostar por la ciencia o la naturaleza; o cultivar unos valores amables, como ser un buen padre de familia o una persona ética. Y todo ello por un doble motivo: por nuestra evolución como seres humanos, y por nuestra felicidad y realización como personas.

> La mecánica cuántica nos enseña que nosotros no estamos separados del resto del mundo, como habíamos creído. La física de las partículas nos enseña que el resto del mundo no es algo que permanezca ocioso allá afuera.
>
> GARY ZUKAV, *La danza de los maestros*

En las excavaciones de Atapuerca se ha encontrado el cráneo de una niña de la especie *heidelbergensis* que nació con malformaciones hace quinientos mil años. Parece que durante su gestación, los huesos del cráneo de Benjamina, como la han bautizado los paleontólogos, no acabaron de soldarse, lo que le produjo parálisis cerebral y física. Lo sorprendente fue que consiguiera vivir hasta los diez años y no muriera en un entorno rodeado de tigres dientes de sable y otros gatitos similares. Si tenemos en cuenta que hace medio millón de años se consideraba anciano a aquel que alcanzaba los cuarenta años de vida, podemos decir que esta niña vivió más de una tercera parte de lo que viviría de media cualquier persona sana. Y la clave fue la ayuda que le brindaron los de su clan, quienes queda claro que no eran tan salvajes como pudiéramos suponer.

La colaboración y el compromiso con los otros es lo que nos ha permitido evolucionar como especie. Ya lo dijo Aristóteles en el siglo IV a. C.: «El hombre es un animal social por naturaleza.» Y aunque el filósofo Thomas Hobbes en el siglo XVII pensara que el hombre era un lobo para el hombre, y verdaderamente hay momentos en los que actúa peor que el pobre animal, no cabe duda que somos animales sociales y que la socialización nos hace humanos, como dice Eudald Carbonell, codirector de las excavaciones en Atapuerca. La colaboración y compromiso entre iguales es precisamente lo que nos ha ayudado a llegar hasta nuestros días. Sabiendo lo anterior, veamos cuáles son las sugerencias para conseguirlo.

El compromiso empieza en ti

Comprometerse con las personas que te rodean, ya sean familia, amigos, compañeros o sociedad, significa actuar no sólo basándote en tus propios intereses, sino también teniendo en cuenta las necesidades de los otros. Y esta actitud es un acto de inteligencia. *Si tú te comprometes, existen altas posibilidades de que los que te rodean lo hagan contigo.* Me sorprende a veces cómo en la empresa se habla de la falta de compromiso de los trabajadores, cuando muchos directivos no son ningún ejemplo de ello. Por eso, piensa qué tipo de compromiso le pedirías a las personas de tu entorno (estar cuando los necesitas, apoyarte, escucharte...) y reflexiona sobre tu disponibilidad hacia ellos. Si crees que la relación es asimétrica, algo falla en la ecuación: o no has elegido a las personas adecuadas, o quizá tú no te estés comprometiendo lo suficiente. Una buena idea es indagar en los motivos, porque seguro que los hay, antes que caer en la queja o en el victimismo.

Por un sentido en tu vida

Se dice de Nelson Mandela que le impactó un comentario de su madre cuando era pequeño. Le contó: «En la vida hay tres tipos de personas, los que mueren y dejan el mundo peor de cómo lo encontraron; las que al morir dejan el mundo tal cual como cuando nacieron; y las que mueren y dejan el mundo mucho mejor que cuando ellos nacieron. ¿Cuál quieres ser tú?» Responder a esa pregunta implica definir un compromiso y un amor con algo que nos trasciende.

Viktor Frankl, neurólogo y psiquiatra judío, estuvo prisionero en campos de exterminio durante la Segunda Guerra Mundial. Es el padre de una corriente poderosa de pensamiento en Occidente, la logoterapia, es decir, la búsqueda de sentido de lo que hacemos. Frankl observó que las personas que sobrevivían a aquel horror no eran ni los más fuertes ni los más cultos, sino los que tenían una razón última por la que vivir: volver a ver a su mujer y sus hijos, ayudar a unos compañeros, publicar un ensayo o realizar un viaje largamente soñado. El sentido les daba esperanza y aquel prisionero que perdía la fe en el futuro estaba condenado a no sobrevivir. Bajo este hallazgo, Frankl opina que la búsqueda del sentido de su vida constituye una fuerza primaria en todas las personas.

Si te comprometes con algo que te trasciende tienes más fuerza para tomar decisiones difíciles. Por ejemplo, si tuvieras que atravesar un puente colgante, sentirías menos temor si fueras acompañado de alguien a quien tienes que proteger, como hijos o hermanos menores, que si lo atravesaras tú solo.

El compromiso, además, da un sentido a nuestra vida y

como dijo Viktor Frankl, da respuesta a nuestro vacío existencial. ¿Para qué levantarse todas las mañanas para ir a trabajar? ¿Qué sentido tiene la vida? Son algunas de las preguntas que pueden rondarte la cabeza. Los humanos somos los seres vivos que más conciencia tienen de su propia muerte y ello nos obliga a identificar un sentido de algo que nos trascienda... de ahí que se diga popularmente que tenemos que plantar un árbol, escribir un libro o tener un hijo. Son tres ejemplos de trascendencia, ya que perduran en el tiempo. Una buena noticia, que resume Xavier Guix en su libro *El sentido de la vida o la vida sentida*:* no tienes que buscar el sentido de *la* vida, has de escribir el sentido de *tu* vida.

Para ello, busca aquello que te compromete, responde a la pregunta de cómo te gustaría ser recordado e identifica cuáles son los principios que para ti son esenciales, como ser una buena persona, justo, amigo de tus amigos... y entrégate a ellos. Cuando tengas dudas sobre qué hacer en momentos puntuales, acuérdate de dichos valores y cuando estés atravesando momentos complicados, recuerda siempre el compromiso que tú has elegido. Esa energía te hace grande como persona y te da fuerzas para superar situaciones muy difíciles, como la que vivió Nelson Mandela durante veintisiete años de cárcel y que le ayudó a convertirse en uno de los mayores líderes mundiales de los últimos tiempos.

* Barcelona, Granica, 2008.

Compromiso hacia algo

El compromiso hacia algo que te trasciende da un sentido a tu vida y te hace sentir tu grandeza como persona.

La bondad es la creación más noble y valiente de la inteligencia humana.

NELSON MANDELA, Premio Nobel de la Paz

En definitiva, la luz al final del túnel sólo tiene un color: quiérete tal cual eres, ama y comprométete con algo que te trascienda. No renaces si no regresas al interior de ti mismo y de tu esencia. Ése es tu centro neurálgico, y cuando estás en él, sientes tu grandeza y se acelera la iniciación. Además, en ese camino no estás solo o sola: hay amigos, maestros, familiares o personas que encontrarás y que te tenderán la mano para atravesar la senda.

El dulce placer de la amistad

Amor que te rescata

¿Qué es lo que permite tener una calidad de vida adecuada, aun habiendo nacido en la pobreza absoluta, haber tenido padres alcohólicos o sufrido malos tratos en la infancia? La investigación de Emmy Werner dio respuesta a dicha pregunta después de haber estudiado durante treinta y dos años a personas de la isla hawaiana de Kauai y que habían crecido en dichas condiciones. Todos aquellos que fueron capaces de salir y de transformarse positivamente, los que llamamos héroes cotidianos, habían vivido algo en común: habían contado con al menos una persona, familiar o no, que los habían aceptado como eran de manera incondicional, independientemente de su temperamento, su aspecto físico o su pasado. Esa conclusión es la misma de uno de los pioneros en el estudio de la resiliencia, Boris Cyrulnik. Con seis años, logró escapar de un campo de concentración donde vio morir a sus padres. Después de vagar por muchos sitios, unos granjeros le adoptaron y le inculcaron el amor por la vida y la literatura. Todos ellos son ejemplos para darnos cuenta de que cuando se atraviesa el umbral y se recorre el desierto se necesita el soporte emocional que dan los amigos, la familia y los maestros, como se ve en los mitos, en los cuentos y en las películas.

> Sin amistad nadie querría vivir, aun cuando poseyera todos los demás bienes [...]; porque ¿de qué sirve esta clase de prosperidad si se la priva de la facultad de hacer bien, que se ejerce preferentemente y de modo más laudable respecto a los amigos?
>
> ARISTÓTELES (384 a. C.-322 a. C.), *Ética a Nicómaco*

La amistad hace que la vida sea más fácil, lo dijo Aristóteles y se da no sólo entre amigos, sino también entre padres e hijos o en la relación de pareja, aunque esta última observación no fue considerada sino hasta siglos después de la muerte del filósofo. La amistad te rescata de la soledad corrosiva (en países occidentales, en torno a una cuarta parte de la población se siente sola), te ayuda a sentirte más feliz (cuando una persona afirma que tiene más de cinco o seis amigos con quienes hablar de sus problemas importantes, tiene un 60 por ciento más de probabilidades de decir que es «muy feliz» según encuestas locales recogidas por Burt en Estados Unidos) y además, incrementa tu esperanza de vida. Ésta es la conclusión de un estudio realizado por la universidad australiana de Flinders. Durante diez años analizaron las relaciones sociales de 1.477 personas mayores de setenta años y correlacionaron los datos con su longevidad. La conclusión es muy reveladora: aquellos que tenían más y mejores relaciones con amigos, que no con familiares, llegaban a tener un 22 por ciento más probabilidades de sobrevivir. Es decir, la amistad es también un elixir de juventud.

Veamos a continuación las sugerencias para cultivar amistades que nos ayuden a atravesar la senda.

Pide ayuda

Elena, una persona que participó en el estudio, sufrió un accidente de tráfico con veintitrés años. Estuvo dos días en coma, con rotura del frontal de la cara, la nariz, con riesgo de perder un ojo y quedarse de por vida en una silla de ruedas. Salió de aquello gracias a una fuerte rehabilitación y lo más importante, al apoyo de sus padres y amigos. Lo primero que dijeron sus padres fue: «Hija, qué suerte hemos tenido.» Y desde ahí, nada de lamentaciones, mucho espíritu de lucha y mucho trabajo para buscar los mejores especialistas.

Su novio la dejó a raíz del accidente, sin embargo, sus amigos se convirtieron en su gran apoyo. Los fines de semana transformaron la habitación de los padres, donde Elena estuvo durante casi un año, en una improvisada fiesta continua. Muchas veces ella estaba medio dormida, pero oía susurros y risas y sabía que no estaba sola. «Tuve mucha suerte de tener a tanta gente apoyándome en mi situación, eso supuso un *leitmotiv* importante para aguantar el dolor intenso de las lesiones y del corazón.» La frase que se le quedó grabada y que se repite cuando las cosas le van mal es: «Que no pueda contigo, que tú puedas con ello», y los amigos y la familia le ayudaron a conseguirlo.

> Protegedme de la sabiduría que no llora, de la filosofía que no ríe y de la grandeza que no se inclina ante los niños.
>
> YIBRÁN JALIL YIBRÁN, poeta y pintor de origen libanés (1883-1937)

Cuando uno se siente mal, tiene la tendencia a encerrarse en su mundo, pero los desiertos son más fáciles de atravesar si estamos acompañados. Si les ocurre a los héroes de los mitos, ¿cómo no nos va a suceder a nosotros? Rodéate de amigos y familiares con los que te sientas a gusto y a los que quieras. Pídeles ayuda. La amistad es posiblemente uno de los mayores regalos de esta vida. Por supuesto, existen distintos tipos de amistad, como diría Josep Pla, «hay amigos, conocidos y saludados». Con los amigos íntimos te desnudas interiormente sin miedo ni juicio, y con los saludados compartes conversaciones más superficiales, pero todos ellos juegan un papel importante en tu vida, como dice Josep Gajo, buen amigo y experto teórico y práctico en la amistad. Las relaciones sociales también te hacen sentirte vivo y te ayudan a salir de los desiertos. Por ello, cuando estés en medio de una encrucijada, pide ayuda. Puede ser un buen momento para recuperar personas con las que no hablas desde hace un tiempo. *El mérito no está en recorrer solo el desierto, sino en salir de él y en aprovechar la oportunidad para transformarte positivamente.* Y eso requiere ayuda. Si te cuesta pedirla, piensa que dar resulta en la mayor parte de las ocasiones más gratificante que recibir: una buena excusa para animarte.

Pedir ayuda

Necesitas ayuda para dar lo mejor de ti mismo.
No tengas miedo a pedirla. El mérito no está en salir solo, está en saber aprovechar la oportunidad para transformarte positivamente.

Reconoce la valentía de tu amigo

Escuchar a quien lo pasa mal es un acto de amistad, pero reforzar la queja constante es un flaco favor. Si alguien se queja de su relación de pareja o de su empresa, ayúdale a entender por qué no da el paso. «¿Por qué no rompes con ello? Si estás ahí es porque quieres» es una reflexión poderosa. Es así como comienzo a veces en los seminarios de empresa. Solemos hablar de la parte negativa de las empresas, que por supuesto la tienen, y casi siempre escucho lo mismo: mi jefe, la dirección, la central. El reto es comprender que tenemos libertad para irnos y si no lo hacemos, es porque existe una serie de beneficios que equilibran la balanza. Si te centras en ello, en vez de en lo negativo, estarás dando un paso de gigante para desarrollar la actitud del héroe cotidiano. Algo parecido hace el buen amigo cuando te ayuda a contrastar opiniones y emociones e, incluso, cuando te dice que quizá te estés equivocando. La buena amistad te da el soporte emocional que necesitas, pero además te confronta contigo mismo y no te compadece, sino que te ayuda a salir hasta de tu propia queja. El buen amigo no entra en el juego o el chantaje en el que uno a veces cae de culpar al mundo de lo que nos ocurre, escucha, pero nos ayuda a abrir los ojos a nuestros propios errores. Y hay que reconocerlo como un acto de gran generosidad y *compañerismo*, palabra, por cierto, cuyo origen proviene de «compartir el pan».

Y evita a quien busca sólo sus propios intereses

> Algunos afirman que la humanidad se divide en dos tipos de personas: quienes están dispuestas a facilitarte la vida y quienes aspiran a complicártela.
>
> JAVIER FERNÁNDEZ AGUADO,
> autor de *El alma de las organizaciones*

Aviso para navegantes: el mundo no es de color de rosa, lo sabemos. Hay veces que la «ayuda» que te quieren brindar es poco recomendable, aunque provenga de «amigos», de tu pareja o de tus familiares. Y eso ocurre cuando hay intereses de por medio. Hay gente que se ha afiliado al «club de la defensa de todas las causas» y entra en las vidas de aquel que lo está pasando mal para dar consejos y opinar sobre lo que tiene que hacer, aunque no conozca en profundidad la situación ni se preocupe de cómo se siente el otro, lo que podría denominarse el típico síndrome de hermano mayor. Otros aprovechan los momentos de fragilidad emocional para lanzar dardos que llevaban tiempo acumulando bajo la excusa de hacerlo por tu bien y existen otros que están al acecho cuando se rompe una relación afectiva, para lanzar proposiciones con otros fines. Los hay de muchos modelos y como dice el psiquiatra Luis Rojas Marcos, «en la intimidad también hay venenos».

Una ayuda que no te conecte con tu esencia y no se realice desde el corazón, no te sirve, como tampoco aquella que se mueva por intereses personales y no sea generosa. Las personas tenemos una sabiduría profunda o un radar que te ayuda a identificar dichas intenciones. Si es así, seamos coherentes con nuestra intuición y como resume Subhasis Banerji, un héroe cotidiano hindú que participó en el estudio después de vivir un accidente de coche, del abandono de su esposa y de la ruina económica: «No permitas que nadie te diga que no puedes alcanzar tu pasión.»

Amigos

Los amigos te tienden una cuerda para rescatarte de los desiertos. Cultivar la amistad te engrandece el alma.

En definitiva, debería enseñarse en los colegios el arte de cultivar amigos. *La amistad es posiblemente una de las fuerzas más importantes para salir de los desiertos, que te conecta con el amor y que resulta hermosa, porque te engrandece el alma.* En los mitos y cuentos, no hay héroe sin amigo. Puede que no aparezca el maestro, pero siempre está el amigo. Y la sabiduría popular es muy sabia en este punto, como indica la palabra. Una llamada telefónica o una voz amiga es una cuerda de salvación en los momentos duros, porque te hace ver que no estás solo y que tu dolor puede ser compartido. A veces dicha sensación se produce con personas que ni te esperabas o con alguien al que vas a ver sólo una vez en tu vida, pero que en ese momento ha estado ahí. Y no hace falta que diga nada. La presencia de un acompañante es suficiente para reparar las heridas. Ésa es la magia del amor en la amistad.

> Existen personas en nuestras vidas que nos hacen felices por la simple casualidad de haberse cruzado en nuestro camino. Algunas recorren el camino a nuestro lado viendo muchas lunas pasar, más otras apenas vemos entre un paso y otro. A todas llamamos amigos.
>
> JORGE LUIS BORGES, escritor argentino (1899-1986)

Pon nuevas referencias en tu vida

En los años sesenta, Albert Bandura hizo un experimento que resultó revelador para la época. A un grupo de niños les puso una grabación de una persona que golpeaba a un muñeco. Cuando acabó la película, y sin decirles nada, los niños tomaron muñecos que había en la sala y comenzaron a golpearlos tal y como habían estado viendo. Este ejercicio demostró varias cosas: primera, aprendemos observando y segunda, si tenemos referencias constructivas nos irá mucho mejor que si nos dedicamos a golpear muñecos. Ésa es la clave de nuestros referentes, maestros o mentores. Una vez más, el motivo lo tenemos que buscar en la plasticidad de nuestro cerebro.

Una parte de nuestro cerebro está escaneando continuamente lo que el otro hace. Las neuronas responsables de ello son las denominadas «neuronas espejo», descubiertas por casualidad, como ocurre muchas veces en la ciencia. En la década de los noventa del siglo pasado, un equipo de investigadores dirigidos por Giacomo Rizzolatti estaba analizando el cerebro de los macacos cuando descubrieron algo insólito. Cuando un mono hacía algo, como coger un plátano, se le activaba la misma zona del cerebro que cuando veía a otro hacerlo, ya fuera un humano u otro mono. Lo comprobaron en las personas y vieron que nos ocurre lo mismo. Como dice Rizzolatti, las neuronas espejo nos ayudan a entender la mente de los demás, no sólo pensando, sino también sintiendo. Y así aprendemos, observando y practicando.

> Las neuronas espejo suponen la disolución de la barrera entre el yo y los otros.
>
> VILAYANUR S. RAMACHANDRAN, neurólogo, director del Center for Brain and Cognition

¡Enhorabuena! *Eres permeable al resto, y no por tu carácter o voluntad, sino porque así está configurado tu cerebro.* Si un niño crece entre lobos, será un lobo. Si un lobo lo hace entre humanos, seguirá siendo un lobo. Y nuestra permeabilidad es lo que nos ha permitido aprender mucho más que cualquier otro animal con los que compartimos este planeta. Ésa ha sido nuestra ventaja, aunque suponga que seamos los más lentos del reino animal para valernos por nosotros mismos. Por eso, aprovéchalo a tu favor para avanzar en tu iniciación y en la senda del héroe. Rodéate de personas protagonistas de su vida, y no de víctimas que están instauradas en la eterna queja. Rodéate también de personas a las que admires, de quienes puedas aprender y a quienes consideres héroes cotidianos. Gracias a la permeabilidad de tu cerebro, poco a poco irás incorporando sus actitudes en tu forma de ser.

Concretemos dos sugerencias para poner apoyos en tu vida: escoge referencias que te hagan crecer y ábrete a nuevos apoyos.

Escoge referencias que te hagan crecer

Ábrete a nuevas referencias y escucha a otras personas que puedan ayudarte. La iniciación te adentra en un terreno nuevo. Estás explorando nuevas relaciones personales o profesionales, nuevas ciudades o nuevas formas de actuar. Entonces, es probable que requieras apoyos diferentes a los que tenías y si lo haces, seguro que puedes vivir encuentros que te aportarán mucho. Recuerda una cita muy reveladora: «El maestro aparece cuando el alumno está listo.»

Los mentores y maestros juegan un papel esencial en la formación de los héroes mitológicos y de los cuentos; y tienen tanta importancia que no es de extrañar que la capa de Obi-Wan Kenobi, uno de los maestros de Luke Skywalker de la película *La guerra de las galaxias*, fuera subastada al precio de ochenta mil dólares. Son, sin duda alguna, el mejor apoyo con el que se puede contar: pueden ayudarte a desarrollar tus habilidades y a enseñarte cosas del mundo y de ti mismo que de otro modo tardarías mucho más en aprender.

Todos, de una forma u otra, hemos podido encontrar a personas que han sido un referente en nuestras vidas durante un tiempo. A veces, son encuentros furtivos a través de una conversación que nos ayuda a reflexionar; otras, son procesos más duraderos en el tiempo, y en otras ocasiones, son encuentros a través de seminarios o libros que te inspiran. Además, todos podemos actuar como mentores de otras personas en momentos y aspectos puntuales. Los niños son grandes maestros para los adultos si los sabemos contemplar. Pero para aprender necesitamos tres actitudes: humildad, confianza y no perder nuestro centro o esencia.

Ábrete a nuevos apoyos

Sin humildad no hay aprendizaje. Puedes estar con personas sabias y no ser consciente de ello. Una de las ventajas de la noche oscura es que te desnuda de tus seguridades y te acerca a la humildad. Aprendemos cuando nos sentimos vírgenes para ello. Sir Richard Branson, fundador del grupo Virgin, una de las empresas más importantes y exitosas del Reino Unido, escogió el nombre de Virgin para cada una de sus compañías, porque desconocía completamente el negocio, era virgen. Así pues, aumentar un poco nuestra «virginidad intelectual» (otras son más difíciles de reparar y posiblemente menos deseadas) es necesario para aprovechar las ventajas de la iniciación y para estar abiertos a nuevas ayudas. Posiblemente, sea más sabio desaprender que aprender, porque precisamente es lo que más nos cuesta y máxime si son dogmas inculcados desde la infancia con los que te sientes muy seguro... aunque siempre hay algunos más proclives que otros.

> Si el análisis científico demostrara que ciertas afirmaciones del budismo son falsas, deberíamos aceptar los descubrimientos de la ciencia y abandonar los dogmas.
>
> DALÁI LAMA, líder espiritual (nacido en 1935)

Además de humildad, necesitas confianza para aprender. Confiar no significa perder el control ni la capacidad crítica. Significa creer en tu potencial y dar un voto de confianza a la persona que te está brindando apoyo. Como dijo Isaac Newton: «Si he podido ver más lejos, ha sido irguiéndome sobre los hombros de gigantes.» Ése es el papel que juegan los maestros, mentores y referencias positivas en tu vida.

Y no pierdas el centro. Las personas de referencia no son perfectas, como no lo es nadie (¡y menos mal!). También pueden equivocarse y pueden tener intereses no siempre generosos. Las sugerencias hay que filtrarlas por tu propio tamiz. Uno se apoya en ellas, pero nunca ha de perder de vista ni su centro ni su libertad para decidir. *El aprendizaje no consiste en depositar tu vida en manos de otro, sino en construir tú mismo tu futuro con la ayuda de otras personas.*

Así pues, identifica qué personas han tenido para ti una fuerte influencia positiva y analiza sus cualidades. Cuando estés en momentos complicados, piensa en ellos y en qué harían si estuvieran en tu situación. Recuerda que estás en un espacio nuevo y desconocido; es como si fueras un marinero y encontraras como referente la Estrella Polar. Tú haces el camino, y ella te echa una mano.

Maestros y mentores

Si deseas desarrollar tu capacidad heroica, rodéate de héroes cotidianos y personas de referencia.

SOS, necesitas soñar

En 1991, Irene Villa y su madre fueron víctimas de un ataque terrorista en Madrid que conmocionó a la opinión pública. Irene tenía doce años y perdió las dos piernas y tres dedos de la mano izquierda. Sin embargo, menciona en el estudio que realicé que una de las experiencias más dolorosas a la que se enfrentó fue la de volver a andar. Le practicaron una operación en el año 2006 en Suecia denominada oseointegración que, en términos muy profanos, significa implantar una prótesis de titanio. «Sufrí lo que jamás creí que tendría que pasar: dolor, puntos, curas, morfina... Sin embargo, hoy no hay día que no me acueste sin haber dado las gracias por poder caminar sin rozaduras. Y la clave fue decirme una y mil veces: mira al frente, ten valor y jamás te rindas.»

Irene es un ejemplo de heroína cotidiana. Cuando le pregunté sobre su lectura de lo vivido me contestó: «Nunca hay que dejar de perseverar. Hay que tener muchos sueños por cumplir para mantener la esperanza, que es el verdadero motor. Y lo que de verdad importa no está en lo material, ni en el exterior, ni siquiera en otras personas, sino dentro de cada uno de nosotros.» Ésa es la fuerza de los sueños, que te dan energía para seguir adelante, como le ha ocurrido a tantas otras personas.

Cuando Viktor Frankl estuvo prisionero en campos de exterminio y se sentía hundido utilizaba una técnica: se veía a sí mismo dando una conferencia en una sala bien iluminada y cómoda, frente a un atento auditorio, que escuchaba sus reflexiones. De este modo, Frankl, estaba definiendo cómo le gustaría verse en unos años, se distanciaba de su amarga situación y sentía más aliviado. Como decía el psiquiatra: «El prisionero que perdía la fe en el futuro —en su futuro— estaba condenado.» Y la explicación, volvemos a encontrarla en la ciencia.

Científicos de la Universidad de Northwestern en Chicago han descubierto que lo que imaginamos se superpone a aquello que realmente hemos vivido, lo que hace que nuestro cerebro no sea capaz de diferenciar entre lo que ha vivido y lo que ha imaginado. Dicho estudio, publicado por la revista *Psychological Science*, levantó un debate interesante en la comunidad científica entre partidarios y detractores, que todavía sigue abierto. Independientemente de ello, parece ser que la visualización tiene un poder que muchos desconocen, pero que los deportistas de élite dominan a la maravilla. De hecho, los especialistas en tiro con arco aseguran que visualizar tan sólo diez minutos puede ser tan efectivo como cien flechas tiradas, igual sucede con los motoristas de élite e incluso con los pilotos de fórmula uno. Su entrenamiento visual consiste en proyectar con su imaginación determinados hechos que más tarde tomarán cuerpo en la competición real. Si lo trasladas a tu vida privada, después de atravesar un desierto conviene revisar los sueños personales e imaginarte en el futuro en un nuevo trabajo, con una nueva pareja, en un nuevo proyecto o cambiando de forma de ser, en definitiva, imaginar una nueva vida. Soñarla es el primer paso para alcanzarla, aunque haya personas que lo eviten. «Soñar es peligroso», me comentó un hombre después de una conferencia. Cuando le pregunté el motivo me argumentó que era para evitar la posible frustración: «Si sueñas mucho y luego no lo logras, ¿qué ocurre?», dijo.

El objetivo de soñar no es marcar objetivos imposibles, sino definir rutas de navegación. Si no tienes una visión personal es como si estuvieras en medio del océano sin mapa ni rumbo o incluso, lo que es peor, que formes parte de la visión de otro. Me gusta como lo resume José Cabrera, socio de InnoPersonas: «Si no tienes una agenda personal, es altamente probable que seas parte de la agenda de otro.» Lo podemos trasladar al terreno de los sueños: si no tienes tu propio sueño, puedes formar parte del de otro. Y lo mejor es tomar conciencia de ello antes de despertar un día y percatarse de todo el tiempo perdido. Veamos algunas sugerencias para llevarlos a cabo.

> Si has construido un castillo en el aire, no has perdido el tiempo, es allí donde debería estar. Ahora debes construir los cimientos debajo de él.
>
> George Bernard Shaw, escritor irlandés,
> Premio Nobel (1856-1950)

Primero, *atrévete a soñar.* ¿Cuánto tiempo dedicas a pensar en cómo te gustaría que fuera tu futuro? Un deporte muy aconsejable es soñar con uno mismo y definir la propia visión, porque recuérdalo: ¡eres libre para soñar! Tu sueño no tiene por qué ser grandioso. Lo importante es que sea el tuyo, te ayude a dar lo mejor de ti mismo y se base en valores que te conciernan, como ser un buen padre, una buena pareja o una persona que no se altere ante los problemas. No seas tacaño con tus sueños. Son sólo rutas de navegación... aunque a veces, el «peligro» de los sueños es que se pueden volver realidad. ¿Quién le iba a decir a Barack Obama de niño que iba a convertirse en presidente de Estados Unidos?

Segundo, *visualiza aquellos hitos que quieres alcanzar.* Si has de concluir un proyecto muy complejo, imagínate en el momento en el que lo has terminado. Dedica unos minutos con los ojos cerrados a imaginarlo, observa lo que ves en ese momento, escucha y siéntelo. En mi caso, cuando escribo un libro y atravieso momentos difíciles, me imagino escribiendo los agradecimientos, que siempre dejo para el final, y eso me ayuda. Como explica Gustavo Bertolotto, experto en programación neurolingüística, los seres humanos anclamos una imagen cuando la percibimos a través de los sentidos. Por ello, piensa en lo que quieres conseguir, ten una imagen positiva de ello y recréate con los ojos cerrados a sentirla a través de todos tus sentidos.

Y tercero, reconozcámoslo, cuando uno está en plena noche oscura, apenas tiene fuerzas para soñar. Los sueños son una energía muy poderosa, pero en momentos puntuales *soñar con pequeños objetivos implica grandes victorias*, como pueden ser pasar ese día con un mejor estado de ánimo, o una comida agradable con una persona. En cualquier caso, define tus propias metas con el horizonte temporal que tu estado de ánimo te permita y cuando te vayas sintiendo mejor, proyecta poco a poco tu futuro. Date permiso para hacerlo.

Suéñate

Dedica tiempo a soñarte. ¿Cómo te ves de aquí un tiempo?

Claves de la etapa de la senda:

EXPLORAR UNA NUEVA REALIDAD

En esta etapa de la senda de los héroes cotidianos el reto está en explorar una nueva realidad, tomar conciencia de uno mismo sin los disfraces y seguridades de las que te ha despojado tu travesía del desierto, aprender a apoyarte en amigos o maestros y volver a soñar, en definitiva, comenzar un proceso de iniciación. Para ello deberás superar los siguientes desafíos:

— Conéctate con tu esencia personal y tu centro, y refuerza tu capacidad de comprometerte con algo que te trascienda, sean otras personas, proyectos o valores.
— Siente que eres libre para decidir quién quieres ser y alimenta las emociones positivas en tu memoria.
— Aprende a quererte y a aceptarte, reconoce tu fragilidad y sé tu mejor amigo.
— Sé fiel a ti mismo, aunque eso suponga asumir que haya personas que no te comprendan.
— Comprométete con los otros o con algo que te trascienda y decide el sentido de tu propia vida.
— Rodéate de familiares y amigos que te quieran, pídeles ayuda y contrasta con ellos tus propias opiniones y emociones.
— Reconoce la valentía de tus amigos y evita a quien busca sólo sus propios intereses.
— Busca referencias constructivas, maestros o personas que puedan ayudarte, y ábrete a nuevos apoyos.
— Atrévete a soñarte, visualiza cómo te gustaría ser y céntrate en los pequeños objetivos que pueden ser grandes victorias.

Preguntas para la reflexión

- ¿Cuál es el disfraz que se ha visto cuestionado en esta aventura? ¿Cómo te sientes sin él? ¿Cómo asumes tu fragilidad? ¿Qué opinas de ti mismo sin esa aparente seguridad? ¿Puedes quererte de este modo?
- ¿Cuál crees que es tu esencia o tu centro?
- ¿En qué momentos te has sentido muy querido y a qué personas quieres? ¿Los recuerdas a menudo?
- ¿Cómo te tratas a ti mismo cuando te equivocas? ¿Qué deberías hacer para ser tu mejor amigo y qué crees que podrías dejar de decirte?
- ¿Sientes que hay algún tipo de coste por ser fiel a ti mismo? ¿Qué implica asumirlo?
- ¿Cómo te comprometes hacia otros? ¿Crees que el resto se compromete menos hacia ti de lo que tú te comprometes hacia ellos?
- ¿Cómo te gustaría ser recordado por las personas que te quieren?
- ¿Pides ayuda a los amigos o familiares cuando lo necesitas? ¿Les reconoces su valentía?
- ¿Tienes personas de referencia en tu entorno que te ayuden a crecer? ¿Quiénes son? ¿Te cuesta encontrarlas o a abrirte a nuevos apoyos?
- ¿Cuánto tiempo pasas pensando en cómo te gustaría ser en el futuro? ¿Vives los pequeños objetivos como victorias?

5. Aprendemos nuevos hábitos, ganamos nuevos recursos

Excalibur para el rey Arturo; la carroza para Cenicienta; un zurrón mágico, sandalias aladas y un casco para Perseo son algunos de los recursos que obtienen los héroes después de su proceso de aprendizaje o de iniciación. No pueden enfrentarse a su sombra o conseguir lo que desean si no han profundizado en su autoconocimiento o autoconfianza y si no han adquirido nuevas capacidades o nuevos hábitos, como el manejo de la espada. Esto mismo les sucede a los héroes cotidianos.

En la anterior etapa, en la que comienza la iniciación, hemos visto cómo debemos adentrarnos en nuestra esencia, apoyarnos en amigos y maestros y atrevernos a soñar con una vida diferente. Ahora todo ello se ha de poner en juego. Un sueño sin acción se queda en cantos de sirenas. Los héroes cotidianos actúan. Y esta etapa del camino consiste en explorar nuevas posibilidades personales y ganar nuevos hábitos. Sólo de ese modo, te reencontrarás con la sombra y desterrarás los viejos fantasmas del pasado.

> La vida es aquello que te va sucediendo mientras estás ocupado haciendo otros planes.
>
> JOHN LENNON (1940-1980)

La fuerza del tigre o de la tigresa

> Había una vez una tigresa embarazada que tenía hambre y decidió cazar una oveja de un rebaño. Cuando se la estaba comiendo, se puso de parto, con tan mala suerte, que por el esfuerzo realizado, murió en el momento en el que nació el joven tigre. Como en el reino animal cuando se caza a una presa, el resto sigue tan tranquilo; el rebaño quedó por ahí deambulando y lo primero que vio el pequeño tigre fue a las ovejas. Lógicamente, creyó que era una más. Aprendió a balar como pudo, a comer hierba y a integrarse en el rebaño.
>
> Pasados unos meses, un buen día un gran tigre en lo alto de una montaña vio el espectáculo: un pequeño tigre dentro de un rebaño de ovejas. Su orgullo felino se vio ofendido, así que bajó corriendo, tomó al pequeño y a una oveja y se los llevó al río. Cuando llegaron, levantó a la oveja y al tigre pequeño con sus dos zarpas y le dijo a éste: «Mírate en el río y dime quién eres tú.»

La fortaleza del héroe cotidiano consiste en dejar de considerarse oveja, lleno de miedos y de inseguridades, a estar seguro de que su esencia es la de un tigre o una tigresa, uno de los animales más bellos y fuertes de la naturaleza según el cuento sufí, la corriente mística del islam. Recordemos los pasos vividos: atendiste la llamada de la aventura, viviste la negación, descubriste tu sombra y aceptaste cruzar el umbral. Atravesaste un desierto, te abriste al mundo, conectaste con tu esencia, recibiste el apoyo de amigos y personas de referencia y volviste a soñar. Pero el proceso de aprendizaje o de iniciación se ha de materializar en hábitos y en comportamientos. Tomar conciencia es un paso esencial, pero el protagonista del cuento no se convertirá en el tigre que lleva dentro si, además de tomar conciencia, no cambia sus hábitos y adquiere unos nuevos más acordes a su naturaleza. Todo ello va a requerir tiempo y disciplina personal, pero no olvidemos algo: «La disciplina es la que nos da la gran libertad», como dice el maestro hindú Sri Shyamji Bhatnagar. Y éste es el siguiente paso de la iniciación.

> La excelencia moral es resultado del hábito. Nos volvemos justos realizando actos de justicia; templados, realizando actos de templanza; valientes, realizando actos de valentía.
>
> ARISTÓTELES (384 a. C.-322 a. C.)

¿Cómo se desactivan explosivos? Si se hace dicha pregunta a los Policías Nacionales del cuerpo de los Tedax, la respuesta suele ser la misma: «Lo hemos hecho tantas veces que sencillamente no pensamos en ello.» Es la potencia de los hábitos. Los hábitos se van incorporando en el inconsciente a través de la repetición y te acaban dando seguridad. Como me reconoció un militar zapador: «Me da más miedo saltar con un paracaídas que desarmar bombas en

Kosovo». No cabe duda de que cada cual se siente cómodo con aquello que domina. Los hábitos crean ciertos automatismos que cuesta abandonar, aunque algunos puedan ser perjudiciales, como el tabaco, el alcohol o cierto tipo de relaciones afectivas. Y el motivo es muy sencillo: somos seres de hábitos, como ya dijo Aristóteles hace veinticinco siglos.

Pero el entorno cambia. La senda del héroe es una invitación para explorar otros terrenos, afrontar situaciones complicadas y eso implica también cambiar los hábitos. Si siempre haces lo mismo, llegarás siempre al mismo sitio. Un proceso de aprendizaje sólo se completa si incorporas nuevos hábitos a tu manera de pensar, de sentir o de actuar, en definitiva, a tu modo de ver la realidad. Y, cuidado, los hábitos no son actividades puntuales, sino acciones que se realizan con frecuencia. De otro modo, las ayudas y tus sueños se quedarán en buenas voluntades y en castillos en el aire.

Nuevos hábitos

Una transformación no se produce si no cambias también tus hábitos.

Para cambiar de hábitos lo primero que hay que saber es que los antiguos no se olvidan, como ha demostrado Ann Graybiel, investigadora del Instituto Tecnológico de Massachusetts. Nos cuesta tanto memorizar una rutina que, aunque no se utilice, por si acaso guardamos una copia de seguridad —en terminología informática— en algún rincón de nuestra cabeza. Gracias a esta «prudencia almacenística», cuando un ex fumador enciende un cigarro, diciéndose a sí mismo que sólo es una caladita, tiene muchísimas probabilidades de volver a caer. Se ha demostrado en pequeños mamíferos y sin necesidad de tabaco. Graybiel investigó con ratas que debían atravesar un laberinto complejo, donde tenían que encontrar una chocolatina mientras los investigadores medían su actividad neuronal. En un momento dado, les quitaron la chocolatina y las ratas se dedicaron a otras cosas. Sin embargo, pasado el tiempo, cuando los investigadores volvieron a poner el premio, rápidamente se activó en las ratas el patrón de comportamiento que les recordaba el camino. Tenían su copia de seguridad bien almacenada. En otras palabras, un hábito aprendido nunca se borra del todo, en especial, si te ha dado placer o ha dado contenido a tu tiempo.

«Si dejas de tener celos de tu pareja, ¿a qué vas a dedicar el tiempo que te sobra?» preguntó Joan Garriga a un hombre celoso. Es posible que una de las cosas que más duelan ante una ruptura afectiva o una pérdida de empleo sean precisamente los hábitos asociados a ellos y el tiempo ahora baldío (en estos ejemplos, los sábados por la noche o las mañanas de los días laborables, respectivamente). No es de extrañar que las empresas de recolocación brinden a los directivos despachos para que se sientan como si estuvieran trabajando, aunque sólo lean la prensa o naveguen por Internet.

En resumen, *si no puedes olvidar los antiguos hábitos, tendrás que buscar otros más saludables con los que sustituirlos y así dar contenido al tiempo excedente.* A lo largo de la senda del héroe hemos visto distintas propuestas de adquisición de hábitos, desde aceptar la invitación de la aventura y reconocer el dolor, hasta distanciarse de las emociones, ejercitar el agradecimiento o apoyarse en los amigos. A continuación, vamos a analizar aquellos hábitos que refuerzan el aprendizaje:

— Hábitos para sentirte bien con lo que piensas.
— Hábitos para fluir con lo que haces.
— Hábitos para cuidarte a ti mismo.

Todo lo anterior te permitirá conseguir nuevos recursos y aumentar tu confianza en el nuevo territorio que estás explorando. Como dice Fredy Kofman, autor de *Metamanagement: la nueva conciencia de los negocios*:* «No hay herramientas más efectivas, sólo hay herramientas que permiten una mayor efectividad del ser humano que las usa.» Y eso es lo que consiguen los hábitos. Dependiendo de nuestra aventura, habrá unos hábitos que resulten más eficaces que otros, aunque el objetivo sea el mismo: enfrentarte a tu sombra. Veámoslos con algo más de detalle.

Hábitos para sentirte bien con lo que piensas

«Se salvaron porque no sabían que era imposible», fue la frase del coronel que rescató a los supervivientes de los Andes del famoso accidente de avión en 1972, en el que sobrevivieron dieciséis personas y murieron veintinueve, y cuya historia se recoge en la película *Viven.* Más de una

* Barcelona, Granica, 2007.

treintena de chicos uruguayos de dieciocho años iban a jugar un partido de rugby a Chile cuando se estrellaron contra una montaña de la cordillera de los Andes a cuatro mil ochocientos metros de altitud y con temperaturas de hasta cuarenta grados bajo cero. Para hacernos una idea de aquello, podemos decir que llevaban ropa de verano y que jamás habían visto la nieve, ya que la montaña más alta de Uruguay mide quinientos un metros. Tenían una radio desde la que escuchaban los avisos de rescate, pero con la que era imposible comunicarse, y gracias a ella, al décimo día supieron que se suspendían las labores de salvamento porque les daban por muertos. Fue en ese momento cuando pasaron de víctimas a protagonistas de su propia supervivencia. No esperaron a que el exterior los salvara, se salvarían ellos por sus propios medios.

Carlitos Páez o Gustavo Zerbino son algunos de los supervivientes con los que he tenido la oportunidad de conversar. Ellos sostienen que lo que los ayudó a salir fue el deseo ferviente de vivir y el cambio de modelos mentales a la hora de entender lo que les había tocado. No se resignaron a aceptar su inevitable muerte, escogieron luchar y elaboraron con los limitados medios a su alcance un pequeño equipaje con el que dos de ellos atravesaron cien kilómetros entre hielo y nieve para pedir ayuda. Hemos visto atrás que no existe una única realidad, sino tantas como personas que la contemplen y que son los modelos mentales los que nos condicionan a quedarnos quietos o a tener fuerzas suficientes para enfrentarnos a la incertidumbre. De hecho, el coronel del Ejército chileno que dirigió las labores de rescate afirmó una y otra vez que «se salvaron porque no sabían que era imposible». Precisamente, si lo hubieran creído no lo hubieran intentado y habrían perecido.

Los hábitos mentales que caracterizan al héroe cotidiano están relacionados con la profunda convicción de sentirse protagonista de su vida, no esperar a que otros le salven, no verse condicionado a priori por planteamientos que le «autoboicoteen», acrecentar el optimismo y desarrollar la capacidad de reírse de uno mismo hasta en situaciones difíciles. Como dijo Simone de Beauvoir: «Es absolutamente imposible encarar problema humano alguno con una mente carente de prejuicios.» Por ello, como necesitamos mapas mentales, al menos, escojamos y perfeccionemos aquellos que nos beneficien a nosotros mismos para desarrollar nuestra capacidad heroica. Veamos algunas sugerencias para llevarlas a cabo.

¿Me rescatan o me rescato?

Durante la hazaña de los Andes, cada uno contribuía según la especialidad que estaba estudiando. El que había comenzado primero de Medicina era nombrado como médico; el que había estudiado un año de Ingeniería, como técnico... así sucesivamente. Cada uno tenía que aportar su granito de arena dentro de sus posibilidades. Y lo más interesante, aquel que se quejaba del frío, de lo ocurrido o de su mala suerte, era ignorado por el grupo. Todos sufrían la misma situación y el lamento no servía para nada. Esta manera de actuar también se puede trasladar a nuestra forma de entender la vida. Podemos esperar a que nos recaten o hacerlo nosotros mismos. Técnicamente, a estas dos maneras de abordar los problemas se llama en psicología «locus de control», el cual puede ser interno —es decir, crees que lo que te sucede en la vida depende de tus esfuerzos («el éxito de mi proyecto depende del tiempo que le dedique»)— o externo —cuando crees que tu destino está controlado por factores fuera de tu alcance («si el Estado me ayudara más sería capaz de sacar adelante mi proyecto»)—. En otras palabras, puedes sentirte protagonista de tu vida y guionista de la misma; o víctima y mero actor a la espera de que otros te manden.

Ahora bien, sentirse víctima también tiene sus ventajas. Implica no ser responsable de los fracasos. La frase típica que lo resume es «me han suspendido» cuando a lo mejor no haber acertado en las respuestas tiene algo que ver. Pero como víctimas también se asumen derechos: no soy feliz, no asumo que tengo libertad para serlo y además creo que el mundo está en deuda eterna conmigo. Sin embargo, sentirse víctima tiene un precio, nada desdeñable: me paralizo, espero la «acción divina» que me salve e, incluso, me cuesta más curarme de determinadas enfermedades. En los años sesenta se comprobó que entre los enfermos de tuberculosis se sanaban antes los que se mostraban mucho más proactivos que aquellos que esperaban a que la solución llegara de fuera.

> Si te sientes dolido por las cosas externas, no son éstas las que te molestan, sino tu propio juicio acerca de ellas. Y está en tu poder el cambiar este juicio ahora mismo.
>
> MARCO AURELIO, emperador romano (121-180)

Héroe cotidiano = ser protagonista de tu vida. Es una fórmula muy sencilla que podemos aplicar en muchos contextos para generar un hábito muy saludable. Si te ha ido algo mal, piensa en qué parte de responsabilidad has tenido y recuerda que el error te permite errar, es decir, es una oportunidad para la búsqueda. Si tienes un problema, identifica cuál es tu margen de libertad y lucha. Los héroes cotidianos tienen actitudes opuestas a la resignación y deciden, ya lo hemos dicho, y aunque no quede absolutamente nada por hacer, siempre hay un pequeño resquicio, aunque sea la propia actitud.

Por ello, *en este momento de la aventura piensa en qué papel estás jugando, si estás esperando que te salven o, si por el contrario, crees que tú eres el protagonista.* Si estás en el primer caso, reflexiona sobre qué derechos y ventajas crees que te otorga jugar ese papel y qué podrías hacer para asumir tú el protagonismo. Crear el hábito de sentirse responsable de la propia vida es, sin duda, uno de los principales recursos del héroe cotidiano.

Protagonista

Eres el protagonista de tu propia vida. Escribe tu propio guión.

Si crees que puedes, tienes razón

> Si crees que puedes, tienes razón. Si crees que no puedes, también tienes razón.
>
> HENRY FORD, fundador de la compañía Ford (1863-1947)

Lo que nunca pudo imaginar Ford es que la ciencia confirmara su cita anterior. Nuestro cerebro tiene una plasticidad de tal magnitud, que somos capaces de condicionar incluso lo que percibimos a través de los sentidos... algo que ya venía diciendo el budismo desde hace más de veinte siglos. Los principios budistas aseguraban que no hay una única realidad, sino tantas como observadores. La física cuántica y las investigaciones neurológicas así lo han demostrado. La realidad la creamos con nuestros órganos sensoriales, pensamientos y experiencia, defiende Humberto Maturana. No existe un mundo allá fuera y un nosotros separado de él. Tú creas el mundo a través de tus modelos mentales, lo que significa, trasladado a nuestro día a día, que lo que pienses del futuro condicionará el resultado obtenido, como ya decía Henry Ford. Si crees que puedes, tienes muchas más posibilidades de conseguirlo que si piensas que no eres capaz, como también ha demostrado la psicología.

La profecía autocumplida quedó patente en un experimento realizado por el doctor Rosenthal en un colegio. A los profesores les informaron antes de empezar el curso de que uno de sus grupos de alumnos era excelente y el otro, no demasiado bueno. Cuando terminó, el grupo aparentemente mejor alcanzó muy buenas notas y el otro se quedó en la media, como era de esperar. Sin embargo, la información de partida era falsa. Ambos grupos tenían el mismo nivel académico. Con este experimento se demostró que las expectativas que depositen en ti o que tú pongas en ti mismo condicionan el resultado y, por supuesto, que los maestros son humanos, aunque cuando íbamos al colegio parecíamos olvidarlo.

En definitiva, ante algo que te cuesta, reflexiona sobre tus posibles «autoboicots». Date argumentos racionales y apóyate en tus propias emociones. Relájate y recuerda una situación en la que hubieras conseguido lo que buscaste. Quédate con esa satisfacción personal y piensa entonces en el problema actual. A veces ayuda ponerse música. Recuerdo una persona que antes de comenzar una exposición en público escuchaba la banda sonora de *Rocky* para animarse. Otros llevan un amuleto. Busca aquello que te da fuerza y cree en ti. Y recuerda lo que dijo el maestro Sun Tzu en el siglo II a. C., en su libro *El arte de la guerra*: «El vencedor antes de entrar en la batalla ya ha ganado.» Lo que te digas a ti mismo antes de hacer algo que no te resulte sencillo, condicionará tus resultados.

Si crees que puedes, tienes razón

La ciencia demuestra que tus opiniones condicionan tu resultado final.

Desarrolla el optimismo

«De aquí saldremos» era el mensaje que se repetían los supervivientes de los Andes. Es un ejemplo de optimismo y una actitud que refuerza la capacidad heroica. El optimismo nos hace hasta un 20 por ciento más longevos, según las conclusiones a las que llegó la Clínica Mayo después de estudiar a ochocientos treinta y nueve pacientes; además, nos proporciona una mayor calidad de vida. El optimista se muestra más feliz, en opinión de Martin Seligman, el impulsor de la psicología positiva.

Seligman ha estudiado en detalle los pensamientos del optimista frente al pesimista. El primero considera que las cosas positivas son permanentes («se me da bien hacer paella») y las cosas negativas, transitorias («estoy muy torpe hoy»). Los pesimistas, sin embargo, opinan lo contrario: lo que se les da bien les parece que es porque han tenido suerte («menos mal que hoy no se me ha quemado la paella») y lo malo, permanente («siempre me tiene que pasar a mí todo lo peor»). Lógicamente, pensar de una manera u otra te cambia la vida y la forma de entenderla. Por ello, un buen ejercicio es reparar en qué te dices ante las cosas que no te salen como hubieras esperado. *Si te asaltan pensamientos pesimistas, desmóntalos. Crea una mesa redonda contigo mismo y rebátete.* Y recuerda, todos tenemos motivos por los que sentirnos satisfechos y de todo se puede aprender. Si te ha salido algo mal, ¿seguro que es lo habitual? Date argumentos de tal peso que silencies la otra voz, porque seguro que los encuentras. Y recuerda, los hábitos se conquistan con la repetición. Cuanto más te repitas ese pensamiento, más lo interiorizarás para que sea automático en el futuro.

Optimista

Piensa que las cosas positivas son permanentes y las cosas negativas, transitorias.

Ríete de ti mismo

Sé siempre fiel al niño que has sido.

José Luis Sampedro,
escritor y miembro de la
Real Academia de la Lengua

Por último, un hábito mental muy saludable es el del sentido del humor. Existe un sinfín de investigaciones que corroboran lo beneficioso que es para la salud. La Universidad de Maryland confirmó que el sentido del humor prevenía enfermedades cardíacas en la medida en que facilita el flujo sanguíneo. También te ayuda a reducir el estrés —recuerda si alguna vez viste una película de miedo con los amigos de adolescente cómo se hacían bromas para rebajar la tensión— y activa además la misma zona cerebral que la cocaína, en opinión de la Universidad de Stanford, de ahí que nos sintamos tan eufóricos después de haberlo pasado muy bien. Y lo más interesante: la capacidad de reírse —con los demás o con uno mismo— puede desarrollarse hasta en situaciones muy difíciles. De hecho, entre los supervivientes de los Andes, cuando supieron que se suspendían las labores de rescate, Carlitos Páez fue uno de los que pasó a convertirse en un líder informal del grupo gracias a su sentido del humor.

En la Universidad de Michigan realizaron un estudio a cuarenta y nueve personas sanas, y a otras cuarenta y nueve que estaban sometidas a un tratamiento de diálisis. Dicho tratamiento tiene como objetivo extraer las toxinas del riñón a través de una máquina cuando éste no funciona adecuadamente. Para ello, se ha de ir a un centro médico tres o más veces por semana, algo que, lógicamente, no resulta muy agradable. Los investigadores midieron el humor de todos los participantes a lo largo de siete días para ver si existía alguna diferencia. Hallazgo: no encontraron ninguna. Todos se enfadaban, lo pasaban mal, estaban tristes y tenían capacidad de reírse independientemente de tener o no un riñón enfermo.

En definitiva, el héroe cotidiano también relativiza lo que le ocurre y una manera muy saludable de hacerlo es a través de la risa. Reírte de las dificultades o de ti mismo es un deporte muy recomendable, un gesto de inteligencia elevadísima y muy beneficioso para la salud, como demuestra la ciencia. Por ello, rodéate de personas con las que lo pases bien o haz cosas divertidas. Intenta encontrar lo cómico de lo que te ocurre y disfruta, disfruta, disfruta.

> La potencia intelectual de un hombre se mide por la dosis de humor que es capaz de utilizar.
>
> FRIEDRICH NIETZSCHE, filósofo (1844-1900)

Reírte de ti mismo

La capacidad de reírse de uno mismo y de las dificultades es un rasgo de inteligencia.

Hábitos para fluir con lo que haces

> «—Maestro, estoy muy desanimado, ¿qué puedo hacer?
> —Animar a los demás.»
>
> *Koan,* budista

Uno de los episodios más complicados de Rosa Lacunza, directora de recursos humanos de Sandoz Farmacéutica, fue enfrentarse a varias pérdidas de seres queridos y a una dolorosa ruptura sentimental. Tomó cuatro decisiones relevantes: apoyarse en sus seres queridos y amistades, cuidarse a sí misma, ser muy profesional en su trabajo y buscar la trascendencia, involucrándose en varios proyectos, entre ellos ayudar como voluntaria a enfermos terminales de sida. Como dice ella: «En ocasiones, conviene no volverle la cara al dolor, sino mirarlo de frente e intentar reflexionar para aprender de lo ocurrido, buscarle un sentido, y crecer y madurar personalmente.» El hecho de centrarse en el trabajo y ayudar a otros han sido dos de las opciones más frecuentes en la investigación que realicé sobre cuál es la forma de salir de los momentos difíciles, ya que tienen una finalidad muy inteligente: olvidarse de uno mismo. Una vez que has conectado con tu esencia y compromiso, has de dejar de sentirte el centro de todo.

Mihály Csíkszentmihályi, psicólogo en la Universidad de Chicago, afirma que la calidad de vida no depende sólo de la felicidad, sino también de lo que hagas para ser feliz. Asegura, además, que los momentos de mayor plenitud son aquellos en los que vives actividades que te hacen fluir, es decir, actividades en las que se dan varias características: tienes objetivos claros, hay una retroalimentación de lo que haces y has de involucrar todas tus capacidades para lograr dichas metas, las cuales, por otro lado, son alcanzables. Cuando ello ocurre, todo tu cuerpo y tu mente están puestos al servicio de la acción. Y en esos momentos *fluyes*. Así se observa en los procesos iniciáticos de los héroes de las películas: repiten los ejercicios como forma de aprendizaje y en esos momentos se olvidan de sí mismos, de sus problemas y acaban disfrutando, como Luke Skywalker aprendiendo las técnicas de los jedi o el Principito viajando por planetas desconocidos.

Traslademos esta experiencia al héroe cotidiano. Cuando fluimos, somos más permeables al aprendizaje y nuestra calidad de vida mejora. Por ello, es bueno realizar acciones que sean gratificantes pero, cuidado, todo ello se ha de hacer sin olvidarte de tu esencia y tu compromiso (recuerda que el héroe cotidiano ha de ser como un junco flexible sin perder la base). Entrar en la acción sin ese paso previo es introducir ruido en tu vida: no lleva a nada, desgasta y vacía, incluso si la ayuda es hacia otros. Humberto Maturana comentó el caso de una mujer que había perdido dos hijos a causa de las drogas. Comenzó una fuerte cruzada contra la drogadicción, creó una asociación en la que invertía todo su tiempo y esfuerzo para luchar contra ese mal. Cuando Maturana la conoció, le formuló la siguiente pregunta: «Y qué ocurre con sus otros hijos, que están vivos, ¿los está cuidando?» En este caso la respuesta era «no». Centrarse en el trabajo o en la ayuda a otros no puede hacerse desde la huida y perdiendo la esencia o el compromiso con uno mismo, porque son acciones que desgraciadamente, se pueden convertir en un bumerán que nos golpee de vuelta.

En definitiva, como dice Csíkszentmihályi, *una de las decisiones más esenciales que podemos tomar tiene que ver con cómo invertimos o a qué dedicamos nuestro tiempo*, por ello, veamos a continuación en qué hábitos vale la pena invertir tiempo, que además contribuyen a desarrollar nuestra potencia como héroes cotidianos.

Céntrate en tu trabajo, ayuda a otros y retoma tus aficiones

Primero, *busca estados de flujo.* Según las investigaciones de Csíkszentmihályi, las personas nos sentimos plenas cuando entramos en estados de flujo y éste se produce cuando hacemos algo que desafía nuestras habilidades, cuando tenemos objetivos concretos y sabemos en todo momento cómo lo estamos haciendo, cuando se combina la acción con la toma de conciencia y cuando perdemos la noción del tiempo. Y ello es posible cuando tenemos aficiones que son activas, como practicar deportes o conversar animadamente con los amigos y, paradójicamente, cuando estamos trabajando. Aunque a la mayor parte de la gente le gustaría dedicar el tiempo a otras cosas, el trabajo curiosamente es una de las actividades que son consideradas como generadoras de flujo. Además, en términos relativos, pasas en torno a una tercera parte de tu tiempo trabajando. Por ello, identifica qué actividades te permiten entrar en estado de flujo e invierte el tiempo en ellas en la medida que puedas. Todo ello redundará en tu calidad de vida.

> Amar la vida a través del trabajo es intimar con el más recóndito secreto de la vida.
>
> YIBRÁN JALIL YIBRÁN, poeta y pintor de origen libanés (1883-1937)

Segundo, *ayuda a otros.* No es de extrañar que en las organizaciones de voluntariado haya personas que busquen ayudar a otros para sentirse reconfortados de sus propios problemas. Cuando se realiza de forma consciente, no como huida, es una amable técnica de reencuadre, en palabras de Robert Dilts, uno de los grandes maestros de la programación neurolingüística. *Reencuadrar* significa «cambiar el marco en el que se perciben los problemas para ayudar a las personas a reinterpretarlos». Es el caso de Rosa Lacunza, que sufrió dolorosamente por la pérdida de un ser querido, cuando entró en contacto con realidades mucho más duras, reencuadró su situación. Lógicamente, no se abandona el dolor, pero ayuda a aligerarlo. Por ello, identifica cómo puedes ayudar a otros y lánzate a ello, sin perder ni tu esencia ni tu compromiso. Puedes canalizarlo a través de una organización, de los amigos, de la familia... el objetivo es disfrutar con la entrega a los demás y dejar de sentirte el centro de absolutamente todo.

Tercero, *retoma tus aficiones* o busca otras nuevas. Según la investigación realizada por Csíkszentmihályi, ver la televisión sin más, en general, es una de las actividades que generan menos sensación de flujo, a no ser que sean documentales, alguna película apasionante o un partido del equipo del que seamos aficionados, suponemos. Por ello, retoma o busca aficiones con las que disfrutes, preferiblemente que te supongan una postura activa y mejor si son además creativas. Como dice Miriam Subirana, experta en el desarrollo personal a través de la creatividad, «tú tienes el potencial de ser creador de arte». No hace falta más que ver a los niños para comprobarlo. En la medida en que desarrolles esa habilidad a través del arte, que puede ser tanto pintar, como escribir, bailar, tocar un instrumento, cocinar...; serás capaz de aplicarlo a más ámbitos de tu vida. Recuerda que tu cerebro es muy plástico. Igual que entrenas tus músculos haciendo deporte, puedes desarrollar tu cerebro para ser más creativo. Así pues, busca algo que te estimule, te guste, te suponga un reto y además, te lo haga pasar bien. En resumen, que te haga fluir.

> Si la felicidad es la ausencia de miedo, la belleza es la ausencia de dolor.
>
> EDUARDO PUNSET

Olvidarse de uno mismo

Centrarse en el trabajo, ayudar a otros de manera consciente y retomar aficiones estimulantes ayuda a olvidarse de uno mismo (sin perder ni la esencia ni el compromiso) y a desarrollar la capacidad heroica.

Gestiona el tiempo a tu favor (no en tu contra)

Otro hábito saludable es el de gestionar el tiempo a tu favor, porque las prisas te pueden jugar malas pasadas, como demostraron Darley y Batson en 1973. Hicieron el siguiente experimento. Pidieron a un grupo de seminaristas veteranos que explicaran a otro grupo de neófitos la parábola del buen samaritano, aquel que brinda ayuda a un pobre desvalido, y a otro grupo de seminaristas que hablaran de las oportunidades del empleo para ellos. A unos se les dijo que tenían que apresurarse, porque llegaban tarde, y a otros, que tenían tiempo suficiente. Todos ellos tenían que atravesar el campus, con la excusa de que se les grababa en otro edificio, y se encontraban a lo largo del camino con un hombre apoyado en una puerta, inmóvil, que tosía y se quejaba. ¿Qué seminaristas se pararon a ayudar al hombre, aquellos que iban a hablar del buen samaritano o los otros? Pues bien, los que ayudaron al desconocido fueron los que tenían menos prisa, independientemente del tema del que fueran a hablar. Como concluyeron los investigadores, «en ocasiones los seminaristas que iban a dar su discurso sobre el buen samaritano saltaron literalmente sobre la víctima en el afán de continuar su camino». Lo hemos dicho: la percepción es selectiva y las prisas pueden hacerte olvidar a los otros, incluso te pueden hacer actuar contra tus valores. Por ello, crea colchones de tiempo entre las citas y no busques luchar contra el propio tiempo. Cuando uno se desprende de la adicción a la intensidad descubre cómo es capaz de mejorar también su agenda.

> Es posible creer en algo y no estar a la altura de tus creencias.
>
> *House*, serie televisiva

«Diez-diez-diez» es la fórmula que propone Suzy Welch, quien fuera editora de la *Harvard Business Review*, para tomar decisiones dentro de un plazo, ya sea inmediato, medio o largo. Su idea surgió a raíz de tener que compaginar su vida profesional exitosa, no cabe duda, con ser madre de cuatro hijos. Los problemas en ambas esferas le tensaban la cuerda de tal manera que llegó a la conclusión de que podemos tomar decisiones demasiado impulsivas si no contemplamos el medio plazo; o que podemos centrarnos en el largo, olvidándonos de lo inmediato. Welch propone antes de tomar una decisión filtrarla por la regla del «diez-diez-diez», es decir, analizar cuál va a ser el impacto de mi decisión y cuáles van a ser sus consecuencias para los próximos diez minutos, los siguientes diez meses y los futuros diez años.

En definitiva, el tiempo posiblemente sea uno de los recursos más escasos que tengas. Piensa que te puede hacer vivir malas pasadas y antes de tomar cualquier decisión en la que te sientas en una encrucijada, aplica la regla del «diez-diez-diez». Responde a las tres sencillas preguntas: «¿Qué impacto tendrá esta decisión en los próximos diez minutos? ¿Y dentro de diez meses? ¿Y de diez años?» Es un buen hábito para contemplar el tiempo desde la triple dimensión a tu favor, no en tu contra y ganar, finalmente, un diez.

«Diez-diez-diez»

Ante las decisiones complicadas, contempla su impacto para los próximos diez minutos, diez meses y diez años.

Hábitos para cuidarte

Tu cita diaria: estar contigo mismo diez minutos

Hábitos saludables para el cuerpo = aceleradores de tu capacidad heroica. Tradicionalmente se ha observado cómo las emociones afectan al cuerpo, pero en las últimas décadas se está analizando cómo modificaciones de los hábitos del cuerpo, incluso de la posición corporal, influyen en las emociones. Por ejemplo, si juzgamos a una persona a primera vista mientras llevamos una taza caliente entre las manos, la veremos más generosa y mostraremos a priori más confianza hacia ella, que si llevamos un vaso de café con hielo, según la investigación realizada por Lawrence Williams, de la Universidad de Colorado, publicada en la revista *Science*. Quizá el proceso de ligar fuera más amable si se hiciera en una cafetería con tés y cafés, que no en una discoteca con copas frías. Más allá de la anterior observación, no cabe duda de que las emociones y modelos mentales influyen en el cuerpo y éste influye en lo que sentimos y pensamos, como ya sabían las escuelas de la Grecia Clásica, donde se incluía la gimnasia junto con la filosofía. Así pues, si eres capaz de modular determinados hábitos relacionados con tu cuerpo, influirás en tu manera de reforzar tu capacidad como héroe cotidiano.

Davidson llenó de electrodos a un lama tibetano que meditaba largas horas al día para medir su actividad cerebral. Descubrió algo insólito: la corteza prefrontal (detrás de la frente) izquierda tenía una actividad que nunca antes se había registrado en ningún otro ser humano. En dicha parte de nuestro cerebro registramos emociones positivas; mientras que en la misma región, pero en el lado derecho, procesamos emociones como la depresión o la ansiedad. En otras palabras, el cerebro del lama decía que éste era una persona muy, muy, muy feliz.

Pero Davidson fue más allá. Pidió a un grupo de personas con mucho estrés que meditaran durante tres horas a la semana y midió sus resultados antes y después en el transcurso de dos meses. Su investigación le proporcionó dos hallazgos: primero, las personas incrementaron su actividad cerebral en el lado izquierdo, es decir, se sentían más felices; y segundo, su sistema inmunitario se había reforzado. Así pues, introducir ciertos hábitos en el cuerpo resulta muy saludable y te ayuda a generar de manera natural «antidepresivos» orgánicos. Por ello, es recomendable que medites o simplemente que entres en contacto contigo mismo, sin pensar en nada. A los occidentales nos cuesta mucho, porque nuestra mente no para de procesar. El reto es observar los pensamientos de forma distante, no elaborar ideas (como por ejemplo la lista de cosas que has de hacer ese día) y permanecer así en silencio al menos diez minutos. Y con este simple ejercicio diario ya empiezan a producirse cambios en el cerebro.

Estar con uno mismo

Sentirse cómodo y tomar conciencia de la respiración durante diez minutos al día ayuda a generar emociones positivas.

Date pequeños placeres

> Los placebos de la vida no se pueden comprar; en cambio, se pueden obsequiar.
>
> ALBERT FIGUERAS, médico y autor de *Pequeñas grandes cosas*

Más allá de la meditación, tenemos otros hábitos saludables, como es el deporte, con el que *generamos endorfinas que nos hacen sentir bien.* De hecho, existen terapeutas que proponen como obligatorio hacer algún tipo de ejercicio a las personas deprimidas. Además de los hábitos tradicionales, como el buen descanso y la buena alimentación, existen otros relacionados con el placer, que también genera una hormona muy positiva: la oxitocina, es decir, la hormona que producen las madres en el momento del parto o de la lactancia, que incrementa tu bienestar y te hace menos vulnerable a enfermedades tales como los infartos o la ansiedad... El doctor Albert Figueras sugiere distintas vías para generar oxitocina de manera natural, sin necesidad de dar a luz, lógicamente. Éstas son las relaciones con los amigos, los masajes, el deporte, comer chocolate o practicar sexo. Como anécdota, cuenta Albert, a la hora de sacar a bailar a alguien desconocido, si le rozas el brazo tendrás más posibilidades de que te diga que sí. En definitiva, la química actúa hasta en lugares insospechados.

Y otra sugerencia: ponte música que te guste para subir el ánimo, y mejor si no es de réquiem. Se ha comprobado que las personas que han de someterse a una intervención dolorosa sienten menos dolor si están escuchando la música que les gusta y ayuda a reducir las enfermedades cardiovasculares, según la Universidad de Maryland.

> La música es para el alma lo que la gimnasia para el cuerpo.
>
> PLATÓN (427 a. C.-347 a. C.)

En definitiva, descansa, medita o encuéntrate contigo mismo, haz deporte y date permiso para disfrutar de pequeños placeres, incluido el chocolate y lo dice un médico. Quiérete y cuídate. Si quieres a tu cuerpo, estarás generando emociones positivas, te sentirás mejor contigo mismo, lo que ayudará a reforzar tu capacidad heroica. Y todo ello, además, de manera natural, sin conservantes ni colorantes.

Cuidarse

Descansar, meditar o estar con uno mismo, hacer deporte, comer bien o darse pequeños placeres son vías para generar emociones positivas y sentirse mejor.

Claves de la etapa de la senda:

ADQUIRIR NUEVOS RECURSOS PERSONALES

En esta etapa de la senda de los héroes cotidianos, tu reto está en adquirir nuevos hábitos y recursos personales que te ayuden a reforzar tu capacidad heroica. Para ello, te enfrentas a los siguientes desafíos:

— Busca pensamientos positivos que te ayuden a cambiar tu realidad. Asume el protagonismo de tu vida y el impacto de tus pensamientos sobre tu futuro.
— Desarrolla el optimismo e incorpora el sentido del humor a tu vida.
— Invierte tiempo en actividades en las que fluyas.
— Ayuda a otros sin perder ni tu centro ni el compromiso contigo mismo.
— Ten aficiones en las que te sientas realizado, y en especial, en aquellas que puedas desarrollar tu creatividad.
— Gestiona el tiempo a tu favor, no en tu contra. Crea colchones de tiempo en tu agenda.
— Ten un encuentro diario contigo mismo de diez minutos, sin pensar en nada.
— Concédete pequeños placeres y cuida tu cuerpo.

Preguntas para la reflexión

— ¿Cuáles son los hábitos que serían más recomendables para ti? ¿Te sientes protagonista de tu vida o crees que lo malo que te ocurre es por culpa de otros? ¿Qué beneficios te otorga sentirte víctima de las circunstancias?

— Cuáles son los pensamientos que te «autoboicotean»? ¿Qué otras cosas podrías decirte para conseguir lo que buscas?
— Cuando te asalten pensamientos pesimistas, ¿qué tipo de comentarios podrías argumentarte para rebatirlos?
— ¿Te das permiso para reírte de ti mismo y de las dificultades?
— ¿En qué tipos de actividades fluyes? ¿En cuáles podrías invertir tiempo para sentirte mejor contigo mismo? ¿Qué aficiones puedes y te gustaría retomar?
— ¿A quiénes podrías ayudar?
— Antes de tomar una decisión, ¿qué tipo de impacto tendría para ti en los próximos diez minutos, diez meses y diez años?
— ¿Estás contigo mismo diez minutos diarios sin pensar en nada? ¿Qué podrías hacer para llevarlo a cabo?
— ¿Cómo podrías cuidar tu cuerpo? ¿Qué tipo de placeres sería saludable que te permitieras a ti mismo?

6. Nos reencontramos con la sombra y concluimos la aventura

Integramos nuestras realidades

Aragorn se enfrenta a los orcos en la batalla por el anillo, el príncipe de la Bella Durmiente lucha contra la malvada madrastra para salvarla y Neo pelea con los agentes una vez que lo dan por muerto. Hemos llegado a una fase clave: te reencuentras con tu sombra, aquella que viste cuando cruzaste el umbral y que te has ido encontrando a lo largo de tu etapa de aprendizaje. Pero has viajado mucho. Te atreviste a cruzar el umbral, has conocido desiertos y noches oscuras, buceaste en tu esencia sin disfraces, estuviste con amigos o personas de referencia, soñaste y adquiriste nuevos recursos y hábitos. No eres el mismo o la misma de antes. *Ahora has ganado potencia heroica*; a partir de aquí, veamos cómo concluye la aventura.

Reconoce tu dualidad

Spinoza dijo que el ser humano tiene el derecho de desarrollar la potencia de su ser, la cual es diferente del poder. Mientras que el poder implica acción y la mayor parte de las veces, control o dominación; la potencia es una actitud que requiere de la apertura a los otros y que nace desde dentro de uno mismo hacia afuera. La potencia heroica es aquella que consigues tras tu aprendizaje o iniciación. Cuando comienzas la aventura, estás demasiado ocupado en la búsqueda de algo que anhelas y que no tienes, sin darte cuenta de lo que sí está en tus manos. Por ello, *la potencia heroica no es algo que buscas, sino que encuentras* y significa ser consciente de que…

— *Tú eres* capaz de disfrutar cada momento y de levantarte de las posibles caídas; capaz de quererte y de querer a los otros.

— *Tú puedes* ser tú mismo, adentrarte en tu esencia, buscar, cuestionar, decidir en cada uno de tus actos y responsabilizarte de ellos; pedir ayuda, atravesar desiertos sin desfallecer en ellos y no dar poder a las cosas que te dañan.

— *Tú tienes* personas que te quieren y aprecian tal cual eres, que son referentes en tu vida y te ayudan a dar lo mejor de ti mismo; el interés genuino por la vida de otros; y la tendencia a que las cosas fluyan, en lugar de resistirte o de intentar manipularlas.

— *Tú estás* dispuesto a aprender de la aventura que tengas delante de ti y a confiar en que podrás salir adelante a pesar de las dificultades.

— *Tú sientes* emociones de todos los colores, pero no te penalizas por ellas y las aceptas sin dañar a nadie, ni a ti, ni a otros.

— *Tú ganas* el interés de no tener la razón ni de juzgar a los otros ni a ti mismo.

— *Tú vales* por el mero hecho de ser tú mismo.

Desde esta certeza interior, el miedo y las inseguridades sabes que no existen realmente, sino que están en tu cabeza. No le das más importancia a las cosas que la necesaria ni a las observaciones interesadas de personas que te dañan. Las sombras son frases del tipo «tú no vales», «tú sobras», «la vida sólo es para los triunfadores». Todo ello minó tu pasado, pero ahora, desde la esencia, tu compromiso y con el aprendizaje sobre las espaldas, tú, como héroe cotidiano, las aceptas. Reconoces la dualidad que pueda haber en ti, tanto tu grandeza como tu sombra, pero no le das poder a esta última. El reto no consiste en luchar contra la oscuridad en nombre de la luz, sino en aceptar ambas realidades en ti.

El príncipe ha de salvar a la princesa en los cuentos de hadas, lo cual tiene un simbolismo muy bello. El *ánimo* ha de llegar al *ánima*, en opinión del filósofo Andrés Ortiz Osés, lo que quiere decir que la fuerza ha de encontrarse con su fragilidad, al igual que el día ha de hacerlo con la noche y viceversa. Sólo cuando se aceptan dichas dualidades se alcanza la potencia heroica. Y recuerda, tú también vives tu propio cuento de hadas en tu aventura.

Integra tu sombra

El final de la aventura puede ser una especie de «batalla» (es lo que gusta en Hollywood y a los autores de algunos cuentos), como cuando se trata de una competición deportiva para la que has estado entrenando o de realizar una exposición que te ha supuesto muchas horas de trabajo. Pero la mayor parte de las veces, el final es mucho más pacífico, como decir algo a lo que no te atrevías antes, animarte a realizar aquel viaje, tener un hijo, montar tu empresa o llevar flores a la tumba de alguna persona que habías perdido hacía años. Y a veces no es algo meditado, sino que aparece naturalmente. Como dice Tomás Pereda, director de recursos humanos de Herzt, «uno acaba reencontrándose con su sombra y en ese encuentro *la sombra deja de existir*», sencillamente porque la aceptas como parte de ti.

Así se recoge en la frase más memorable de la historia del cine según la web Lovefilm en 2009 y que, cómo no, pertenece a la película *La guerra de las galaxias*: «Luke, yo soy tu padre.» Luke es capaz de sentir el odio hacia su padre y éste, la bondad necesaria para salvar a su hijo de manos del emperador. El simbolismo queda muy claro. Cuando dejas de pelear con tu sombra, ésta desaparece. Tu enemigo interior no se acalla discutiendo con él, sino cuando aceptas en ti aquello por lo que quizá comenzaste la aventura. Y ese momento es posiblemente uno de los de mayor liberación que puedas vivir, cuando abandonas la tortura interior y reconoces el posible error, el defecto que tanto te duele o la decisión que te hizo daño. No eres mejor ni peor persona por ello. La aceptas y desde ahí, la integras sin juicio ni reproche. Sencillamente, *es* la sombra y forma parte de tu historia personal.

Abandona el heroísmo

En las leyendas artúricas cuando los caballeros se enfrentan al peligro de las ninfas, les dicen: «No os escucho», porque si se les prestaba atención durante más de tres frases seguidas, caían muertos. Para ellos, el compromiso con sus doncellas era lo que les daba la fuerza para continuar la aventura. La potencia heroica también consiste en reconocer los propios límites y en aceptarlos. No significa que seas invulnerable, porque es imposible, sino en enterrar las armas y no luchar contra ellas.

Paradójicamente, *el heroísmo consiste en dejar de ser un héroe*, porque es precisamente la guerra la que da vida al dragón al que pretendemos matar, como dice Claudio Naranjo. La bestia deja de ser tan fea cuando se observa con otros ojos. ¿Qué ocurriría si miraras desde otro ángulo aquello que no te gusta de ti? En la mayor parte de los cuentos de hadas, el protagonista consigue su meta no por la fuerza, sino por medio de un conocimiento, un secreto o una actitud abierta. Y no olvides que todo ello es sabiduría popular. Ése es el único camino que te conduce al final de la senda: desnudarte del heroísmo y acercarte más a la actitud de la fragilidad y de lo pequeño.

> No debo tener miedo. El miedo mata la mente. El miedo es la pequeña muerte que conduce a la destrucción total. Afrontaré mi miedo. Permitiré que pase por mí y a través de mí. Y una vez que haya pasado giraré mi yo interior para afrontar su camino. Y allí donde estaba el miedo ya no quedará nada, sólo estaré yo.
>
> FRANK HERBERT, *Dune* (1965)

Descansa en lo pequeño

Arturo consigue sacar la espada Excalibur de la piedra porque él es el elegido, al igual que le ocurre a Perseo o a la propia Cenicienta cuando se prueba el zapato que había perdido la noche anterior. Lo que nos quieren decir la mitología, las leyendas y los cuentos es lo mismo: la potencia heroica no depende del *hacer* sino del *ser*. En la tradición china y egipcia, el final de la senda del héroe se representa cuando éste se convierte en su propio emperador o emperatriz, el cual se simboliza con la luna. La luna es el astro que cambia, que refleja el sol sin dejar de ser ella misma. Y es ahí donde reside la magia del héroe cotidiano, en descansar en lo pequeño, en los momentos diarios, en el placer de descubrir cada detalle y de entrar en conexión con la naturaleza y con el otro sin la necesidad de la intensidad. Dicha actitud se aproxima más a los ojos del Principito cuando recorría los planetas. No tenía que conseguir o hacer cosas para ser importante; sencillamente, ya lo era por ser él mismo.

Cuando tu actitud ha cambiado, aceptas tu dualidad, integras tu sombra y reconoces que en lo pequeño está la grandeza, es cuando la aventura ha concluido. Si todo va bien, recorrerás muchas más veces la senda de los héroes cotidianos, pero esta ocasión te ha ayudado a comprender que tú eres el guionista de tu propia vida, que eres un buscador, con capacidad de dar lo mejor de ti mismo y de comprometerte con lo que haces, sabiendo que eres humano, con tus grandezas y tus fragilidades. Y así eres único. Tu esencia es única. Ésa es tu potencia, tu manera de mirar a tu sombra y de contemplar la vida.

Regreso del héroe a lo cotidiano

> Cuando el maestro zen alcanzó la iluminación, escribió lo siguiente para celebrarlo: «Oh, prodigio maravilloso, puedo volver a cortar madera y sacar agua del pozo.»
>
> ANTHONY DE MELLO S. J.,
> escritor indio (1931-1987)

La guerra de las galaxias termina en una gran fiesta en la luna de Endor, Shrek se acaba casando con Fiona, los hobbits regresan a sus casas después de recorrer mundos con el anillo a cuestas y Ulises vuelve a Ítaca tras veinte años desaparecido. La aventura ha terminado y los héroes regresan a lo cotidiano. Igual nos ocurre a nosotros: volvemos a la normalidad, pero siendo diferentes.

Después de recorrer la senda, el héroe cotidiano tiene muchas veces la necesidad de compartir lo que ha vivido de una manera generosa, ayudando a otros con palabras o con acciones. Pero, cuidado, en ese punto hay un riesgo. El regreso del héroe no consiste en ir salvando a todo el mundo, quieran o no. Ellos ya tendrán sus llamadas y será su responsabilidad aceptarlas o ignorarlas. La realización de hazañas memorables parece que te coloca una silla en el Olimpo de los dioses pero esto te aleja de tu esencia. Una vez más, el reto es ser tú mismo, sin disfraces y con tus fortalezas y tus sombras. Y desde ahí aceptarte. Como dice Techu Arranz, profesora de Qi Gong, PNL y *Coaching*, «el ruiseñor canta, pero no explica por qué canta». Así actúan los maestros y los que son un referente para otros. No hablan de sus excelencias ni de sus éxitos, ni tan siquiera se sienten héroes, pero con sus actos son un ejemplo para las personas de su entorno, como le ocurrió a Irena Sedler, la mujer polaca que durante la Segunda Guerra Mundial se hizo pasar por enfermera para salvar a más de dos mil quinientos niños de un campo de concentración nazi. Años después, su historia salió en un periódico y comenzaron a reconocerla y a llamarla. Su vida discurrió discretamente, lejos de cualquier aparición pública, aunque fuera propuesta para el Nobel de la Paz. Ésa es la magia y la discreción de los grandes héroes cotidianos.

La aventura te ha transformado positivamente: eres más sensible a los otros, tienes un aprendizaje sobre tus espaldas que de otro modo te hubiera sido imposible adquirir y has ganado márgenes de libertad sobre ti mismo. Puede que hayan quedado cicatrices o heridas transparentes, pero también has obtenido una gran riqueza. No eres tan esclavo ni de tus miedos, ni de tus sueños incumplidos, ni de las expectativas imposibles. Sencillamente, eres más sabio. Sabes disfrutar de la vida y asombrarte con los ojos de un niño. Has atravesado desiertos, has cruzado umbrales y te has levantado de nuevo. Has aprendido a valorar lo que tienes, a quererte sin máscaras y a disfrutar de cada mañana o de cada encuentro con un amigo. Y por todo ello, vale la pena la aventura.

No te rindas, aún estás a tiempo
de alcanzar y comenzar de nuevo,
aceptar tus sombras,
enterrar tus miedos,
liberar el lastre,
retomar el vuelo.

No te rindas que la vida es eso,
continuar el viaje,
perseguir tus sueños,
destrabar el tiempo,
correr los escombros,
y destapar el cielo.

No te rindas, por favor no cedas,
aunque el frío queme,
aunque el miedo muerda,
aunque el sol se esconda,
y se calle el viento,
aún hay fuego en tu alma
aún hay vida en tus sueños.

Porque la vida es tuya y tuyo también el deseo
porque lo has querido y porque te quiero
Porque existe el vino y el amor, es cierto.
Porque no hay heridas que no cure el tiempo.

Abrir las puertas,
quitar los cerrojos,
abandonar las murallas que te protegieron,
vivir la vida y aceptar el reto,
recuperar la risa,
ensayar un canto,
bajar la guardia y extender las manos
desplegar las alas
e intentar de nuevo,
celebrar la vida y retomar los cielos.

No te rindas, por favor no cedas,
aunque el frío queme,
aunque el miedo muerda,
aunque el sol se ponga y se calle el viento,
aún hay fuego en tu alma,
aún hay vida en tus sueños
porque cada día es un comienzo nuevo,
porque ésta es la hora y el mejor momento.
Porque no estás solo,
porque yo te quiero.

MARIO BENEDETTI (1920-2009)

Bibliografía escogida

ALONSO PUIG, M. (2008), *Vivir es un asunto urgente*, Madrid, Aguilar-Santillana.

APPLE, M. W. (1989), *Maestros y textos*, Barcelona, Paidós.

ARISTÓTELES (1994), *Ética a Nicómaco. Sobre la amistad*, Barcelona, Centro de Estudios Políticos y Constitucionales.

BERRY, J. W. (1967), «Independence and conformity in subsistence-level societies», en *Journal of Personality and Social Psychology*, núm. 7, pp. 415-418.

BORTOLUSSI, M. (1987), *Análisis teórico del cuento infantil*, Madrid, Alhambra.

BRONFENBRENNER, U. (1970), «Reaction to social pressure from adults versus peers among Soviet day school and boarding school pupils in the perspective of an American sample», en *Journal of Personality and Social Psychology*, núm. 15, pp. 179-189.

CAMPBELL, J. (1959), *El héroe de las mil caras*, México, Fondo de Cultura Económica.

CARBONELL, E. (2007), *El nacimiento de una nueva conciencia*, Barcelona, Now Books.

CARNEGIE, D. (2008), *Cómo ganar amigos e influir en las personas.* Barcelona, Elipse.

CARRIÓN, J. (2009), *Culturas innovadoras 2.0.*, Madrid, LID.

CASARJIAN, R. (1994). *Perdonar*, Barcelona, Urano.

CHEN-BO Z., *Cold and Lonely: Does Social Exclusion Literally Feel Cold?*, consultado en http://www.psychologicalscience.org (septiembre de 2009).

COGHILL, R., J. MCHAFFIE y Y. YEN (2003), *Neural Correlates of Interindividual Differences in the Subjective Experience of Pain*, St. Louis, MO, Washington University School of Medicine, consultado en http://www.pnas.org/content/100/14/8538.abstract (mayo 2009).

COMTE, F. (1992), *Las grandes figuras mitológicas*, Madrid, Ediciones del Prado.

COVEY, S. R. (2009), *Los siete hábitos de la gente altamente efectiva*, Barcelona, Paidós.

CSÍKSZENTMIHÁLYI, M. (1991), *Flow: The Psychology of Optimal Experience.* Harper Perennial.

CURY, A. (2007), *Nunca renuncies a tus sueños*, Barcelona, Zenith.

CYRULNIK, B. (2001), *La maravilla del dolor*, Barcelona, Granica.

— (2008), *Autobiografía de un espantapájaros. Testimonios de resiliencia: el retorno a la vida*, Madrid, Gedisa.

DARLEY, J. M., y C. D. BATSON (1973), *Introducción a la psicología social*, Barcelona, UOC.

DAVOLI, Ch., y R. ABRAMS (2009), «Reaching out with the Imagination», en *Psychological Science*, núm. 20, p. 3

DAWKINS, R. (1976), *El gen egoísta*, Barcelona, Salvat.

DILTS, R. (1999), *El poder de la palabra*, Barcelona, Urano.

— y S. GILLIGAN (2008), *La aventura del héroe y el ser generativo*, seminario «La relación de una vida extraordinaria», Barcelona, del 24 al 27 de enero.

FERNÁNDEZ AGUADO, J. (2003), *Management: La enseñanza de los clásicos. Paradigmas y anécdotas empresariales*, Barcelona, Ariel.

— (2008), *El alma de las organizaciones*, Madrid, Mind-Value.

FIGUERAS, A. (2007), *Pequeñas grandes cosas*, Barcelona, Plataforma Editorial.

FINCHAM, F. D. (1985), «Attribution processes in distressed and nondistressed couples: 2. Responsibility for marital problems», en *Journal of Abnormal Psychology*, núm. 94, pp. 183-190.

FORÉS, A., y J. GRANÉ (2007), *La resiliencia. Crecer desde la adversidad*, Barcelona, Plataforma Editorial.

— (2008), *La resiliencia*, Barcelona, Plataforma Editorial.

FRANKL, V. (2004), *El hombre en busca de sentido*, Barcelona, Herder.

FROMM, E. (2003), *El miedo a la libertad*, Barcelona, Paidós.

GARRIGA, J. (2006), *¿Dónde están las monedas?* Barcelona, Rigden Institut Gestalt.

GILES, L., et al. (2005), «Effect of social networks on 10 year survival in very old Australians: the Australian longitudinal study of aging», en *Journal of Epidemiology and Community Health*, núm. 59, pp. 574-579.

GINO, F., y M. SCHWEITZER, (2008), «Blinded by Anger or Feeling the Love: How Emotions Influence Advice Taking», en *Journal of Applied Psychology*, 93, 1165-1173.

GOLEMAN, D. (2000), *Working with Emotional Intelligence.* Bantam.

— (2003), *Healing Emotions: Conversations with the Dalai Lama on Mildfulness, Emotions and Health.* Shambhala.

GOLDIN, Ph. R., K. MCRAE, W. RAMELA y J. J. GROSS (2008), *The Neural Bases of Emotion Regulation: Reappraisal and Suppression of Negative Emotion*, consultado en http://www.sciencedirect.com (mayo 2009).

GONZÁLEZ, C., y L. GÓMEZ (2007), *Literatura clásica, estética y cine contemporáneo: épica*, Madrid, Universidad Autónoma de Madrid.

GUIX, X. (2006), *Descontrólate*, Barcelona, Granica.

— (2008), *El sentido de la vida o la vida sentida*, Barcelona, Granica.

HOLTGRAVES, T. M. (2006), «Conversation memory: Intentions, politeness and the social context», en H. PISHWA (ed.), *Language and Memory: Aspects of Knowledge Representation*, Berlín, Mouton de Gruyter, pp. 409-424.

JERICÓ, P. (2006), *NoMiedo*, Barcelona, Alienta.

— (2008), *La nueva gestión del talento*, Madrid, Prentice Hall.

JUNG, C. G. (1963), *Símbolos de transformación*, Barcelona, Paidós.

— (2008), *Arquetipos e inconsciente colectivo*, Barcelona, Paidós.

KOFMAN, F. (2001), *Metamanagement*, Barcelona, Granica.

KÜBLER-ROSS, E. (1991), *Elisabeth Kübler-Ross habla sobre la muerte. Un amanecer*, Barcelona, Luciérnaga.

LIEBERMAN, M. D., y G. TABIBNIA (2008), *Brain Reacts to Fairness As it Does to Money and chocolate*, consultado en http://www.universityofcalifornia.edu/news/article/17690 (febrero de 2009).

—, N. I. Eisenberger y D. W. Kipling (2003), *Does Rejection Hurt? An MRI Study of Social Exclusion*, consultado en http://www.scn.ucla.edu/pdf/Cyberball290.pdf (marzo de 2009).

Linares, A. (2009), *Siempre corriendo; la gran carrera*, Madrid, Antonio Linares.

Martin, R. (1996), *Diccionario de la mitología griega y romana*, Madrid, Espasa Calpe.

Martínez Rico, E. (2008), *La guerra de la galaxias. El mito renovado*, Madrid, Editorial Alberto Santos.

Maturana, H., y F. Varela (1984), *El árbol del conocimiento*, Madrid, Debate.

Mello, A. de (1982), *El canto del pájaro*, Santander, Sal Terrae.

Nadal, J. (2009), *El paraíso interior. Reflexiones, aforismos y guiones de vida*, Barcelona, Plataforma Editorial.

Naranjo, C. (1994), *El niño divino y el héroe*, Málaga, Sirio.

Núñez, A. (2007), *Será mejor que lo cuentes*, Barcelona, Empresa Activa.

Nye, R. D. (1986), *Tres psicologías. Perspectivas de Freud, Skinner y Rogers*, Madrid, Thomson Paraninfo.

O'Connor, N. (2004), *Déjalos ir con amor*, México, Trillas.

Ortiz Osés, A. (2005), «Mitología del héroe moderno», en *Revista Internacional de los Estudios Vascos*, t. XL, núm. 2, pp. 381-393.

Punset, E. (2005), *El viaje a la felicidad*, Barcelona, Destino.

—(2006), *El alma está en el cerebro*, Madrid, Aguilar.
RANK, O. (1995), *El mito del nacimiento del héroe*, Barcelona, Paidós.
ROCA, J. (2009), *El reino de la humildad*, Barcelona, Alienta.
ROJAS MARCOS, L. (2008), *Convivir*, Madrid, Santillana.
ROMEIS, J. C. (2005) *Heritability of SF-36 Among Middle-Age, Middle-Class, Male-Male Twins*, consultado en http://journals.lww.com/lww-medicalcare/pages/articleviewer.aspx?year=2005&issue=11000&article=00012&type=abstract (noviembre de 2008).
ROMO, M. (2008), *La mujer líder*, Barcelona, Planeta.
ROVIRA, Á., y F. MIRALLES (2007), *El laberinto de la felicidad*, Madrid, Aguilar.
— y F. TRÍAS DE BES (2004), *La buena suerte*, Madrid, Empresa Activa.
SÁNCHEZ PRIETO, G. (2009), «No se domina lo que no se nomina: lenguaje y pensamiento», en *Madrid+*, 17 de septiembre de 2009, consultado en http://www.madrimasd.org (septiembre de 2009).
SANLLORENTE, J. (2007), *Sonrisas de Bombay*, Barcelona, Plataforma Editorial.
SCIENTIST AT UCLA (2008), «Not letting go off painful memories can soon turn to addiction (Re-Issue)», en *Journal NeuroImage*, consultado en http://www.scn.ucla.edu/pdf/grief_thaindian.pdf (diciembre de 2008).
SEEMAN, M., y J. W. EVANS (1962), «Alienation and learning in a hospital setting», en *American Sociological Review*, núm. 27, pp. 772-783.
SELIGMAN, M. E. P. (2003), *La auténtica felicidad*, Barcelona, Ediciones B.
— (2008) *Positive Interventions: More Evidence of Effective-*

ness, consultado en http://www.authentichappiness.sas.upenn.edu/newsletter.aspx?id=45 (marzo de 2009).

TALEB, N. N. (2008), *El cisne negro*, Barcelona, Paidós.

TAYLOR, S. (2005), *La caída*, Vitoria-Gasteiz, La Llave.

UBEL, P. A., y J. RIIS (2005), *U-M-led Study of Dialysis Patients Yields Surprising Findings about Happiness among Severely Ill and Healthy People*, consultado en http://www.med.umich.edu/opm/newspage/2005/happy.htm (enero de 2009).

UCL WELLCOME DEPARTMENT OF IMAGING NEUROSCIENCE (2004), *Feeling Empathy for a Loved-One: Empathy for Pain Activates Pain-Sensitive Regions of the Brain*, consultado en http://www.ucl.ac.uk/media/library/empathypain (diciembre de 2008).

UNIVERSIDAD DE SOUTHAMPTON (2008), *Nostalgic Thoughts of Happier Times Can Help overcome Loneliness*, consultado en http://www.soton.ac.uk (mayo de 2009).

VALDERRAMA, B. (2009), *Desarrollo de competencias en mentoring y coaching*, Madrid, Prentice-Hall.

VILASECA, B. (2008), *Encantado de conocerme*, Barcelona, Plataforma Editorial.

VILLEGAS, J. (1978), *La estructura mítica del héroe*, Barcelona, Planeta.

WORCHEL, S., et al. (2003), *Psicología social*, Madrid, Thomson Editores.

ZUCKERMAN, M. (1975), «Belief in a just world and altruistic behavior», en *Journal of Personality and Social Psychology*, núm. 31, pp. 972-976.

Sobre el libro[1]

El valor de este libro es infinitamente superior a su precio. Valor porque todos estamos llamados a ser héroes y pocos están convencidos de que pueden conseguirlo.

ENRIQUE ALCAT,
experto en formación de directivos en
comunicación y gestión de crisis y escritor

Conectar con el héroe que llevamos dentro abre en cada uno de nosotros un espacio de posibilidades insospechadas.

DR. MARIO ALONSO PUIG,
médico, profesor y conferenciante

Entre las palabras reconocerás el susurro del compromiso de un profundo viaje interior.

TECHU ARRANZ,
Profesora de Qi Gong, PNL y Coaching

1. Los comentarios completos pueden leerse en www.pilarjerico.com

Hasta ahora el éxito era una experiencia situada en el exterior, en la Quinta Avenida. Ahora el éxito es una experiencia interior, una batalla que no se gana con una hoja Excel sino que la libra cada cual consigo mismo, venciendo sus miedos e incertidumbres.

ECEQUIEL BARRICART,
director general de You Media

La aventura del héroe es una experiencia íntima y profunda, el intento por averiguar cómo vivir una vida con sentido.

GUSTAVO BERTOLOTTO,
director del Instituto Potencial Humano

Reconocernos a nosotros mismos como los auténticos guionistas de nuestra propia vida. Aceptarlo es duro, pero no aceptarlo es resignarte a ser un árbol a la deriva.

RAFAEL CABARCOS,
director corporativo de
RR. HH. del Grupo Prisa

Los héroes cotidianos confirman que lo importante en la vida no es lo que les ocurre, sino lo que hacen con lo que les ocurre.

JOSÉ CABRERA,
socio de InnoPersonas

Debemos dejar de ser líderes para convertirnos en héroes colectivos, donde lo anónimo sea lo más crítico y lo más constructivo. Sólo de esta manera lo cotidiano se convertirá en acción singular de la evolución humana.

EUDALD CARBONELL,
codirector de las excavaciones de Atapuerca

Esta obra nos invita a seguir la aventura de intentar conocernos mejor, a descubrir todo el poder que tenemos en nuestro interior y a tener confianza en nuestra capacidad de superación, recorriendo una apasionante senda de transformación.

ISABEL CARRASCO,
médico y asesora de la Agencia Laín Entralgo

Lo que cambiará tu vida no será el saber más, sino las decisiones que tomes y las acciones que emprendas. La lectura de esta obra hace que despertemos al héroe que llevamos dentro.

LUIS CARLOS COLLAZOS,
profesor de ICADE y
director de RR. HH. de Hispasat

Héroes cotidianos es un libro dedicado a los amigos y destinado a todas las personas que queremos seguir descubriendo todo lo que llevamos dentro, a todas aquellas personas que aceptamos retos, que queremos soñar, ser auténticas, a todas aquellas personas que creemos en el poder de las personas.

IDOIA DE PAZ,
gerente de Human Capital-Deloitte

En este libro se plantea una reflexión de gran actualidad: la necesidad de desarrollar el héroe que todos llevamos dentro y dar lo mejor de nosotros mismos para afrontar con éxito las transformaciones de la época actual.

EMMA FERNÁNDEZ,
directora general de Indra

Heroísmo es sacar adelante a un hijo día tras día, noche tras noche. Heroísmo es ser leal a la palabra. Heroísmo es, para una organización, no caer en la esquizofrenia de prometer y no dar. Heroísmo es fidelidad a los amigos. Heroísmo es vivir, y no limitarse a durar.

JAVIER FERNÁNDEZ AGUADO,
jefe del Área de Liderazgo
Directivo y Deontología Profesional
en el IEB y socio director de MindValue

Su lectura despierta todo tipo de sentimientos: energía, fuerza interior, compromiso, superación, coraje, confianza, esperanza, todos ellos dirigidos a alcanzar una vida plena.

BLANCA FERNÁNDEZ-GALIANO,
consejera de TopTen Business Experts

Reír, confiar, olvidar, soñar, comprometerse son todas ellas actitudes ante la vida y la adversidad que te guiarán a lo largo de esta aventura hacia una reflexión interior de cómo llegar a ser un «héroe cotidiano».

ALFREDO FRAILE,
director de Desarrollo y Formación de Banesto

Libro necesario para cualquier persona, todos nos podemos sentir sus protagonistas.

JOSEP GAJO,
presidente de la Corte Europea de Arbitraje

Héroe cotidiano es quien se vacía de miedos y otros ruidos del ego para estar al servicio y volver al origen de su Esencia amorosa o, lo que es lo mismo, a su plena felicidad.

SALVADOR GARCÍA,
profesor de Psicología Social
en la Universidad de Barcelona
e impulsor de Consultores sin Fronteras.

Este libro nos traza un mapa detallado, lleno de sensibilidad y enseñanzas, acerca del viaje existencial y sus vicisitudes, clementes o inclementes, sembrando de esperanza, comprensiones y recursos la inevitable noria del héroe: morir y renacer.

JOAN GARRIGA,
psicólogo y escritor

¿Cuánto tiempo hemos dedicado a entendernos y, por tanto, aceptarnos y superarnos a nosotros mismos? El simple y, a la vez, complicado hecho de enfrentarnos a nuestro interior, nos convierte en héroes.

PILAR GÓMEZ ACEBO,
Vicepresidenta del Club de Consejeros
Presidenta de Honor de Fedepe

En algún momento de la vida todos debemos afrontar alguna travesía del desierto. Este libro nos transmite un mensaje de confianza en nuestras propias capacidades y nos enseña cómo transformar los retos en oportunidades para crecer como personas y como profesionales.

José Luis Gómez Alciturri,
director general y director de la División de RR. HH.
del Banco Santander

Celebro que en este libro se recoja el camino del símbolo para inspirarnos en nuestras rutas existenciales. Y aún celebro más que lo sitúe en el marco de la cotidianidad. Porque ahí estamos todos. Porque ahí es por donde se debe empezar.

Xavier Guix,
psicólogo, conferenciante y escritor

Coraje, sinceridad, esperanza, ilusión, fortaleza... Una invitación a crecer y desplegar toda la potencia del héroe que llevamos dentro para crecer verdaderamente como seres humanos.

Rosa Lacunza,
directora de RR. HH. y Comunicación para España
y Portugal en Sandoz Farmacéutica S. A.

El héroe cotidiano se entrega a la noche para resucitar restaurado, no tiene la fantasía de trascender al más allá, ni vive dependiente del reconocimiento social.

Antonio Linares,
socio de Evocalia

Leyendo este libro me di cuenta de que estaba rodeado de héroes. Todos llevamos un héroe dentro.

EDUARDO MARTÍNEZ-RICO,
escritor y profesor de IE Universidad

¿Quién dijo que ya no quedan héroes? En un planeta dominado por las redes sociales, los héroes somos nosotros mismos.

MAGO MORE,
cómico, conferenciante y empresario

Héroes cotidianos nos recuerda sabiamente que en este mundo y en esta vida, la gran aventura es la de mirar y sentir, pensar y soñar en libertad.

JORDI NADAL,
escritor y editor de Plataforma Editorial

Recordar que todos somos dueños de nuestro destino no es muy popular en nuestros tiempos... ¿A quién vamos a echar la culpa de lo que nos pase a partir de ahora?

TOMÁS PEREDA,
director de RR. HH. de Hertz

He leído el libro de Pilar Jericó y me ha parecido un tema tremendamente interesante. Estamos acostumbrados a que nos hablen de Héroes casi invencibles y con superpoderes cuando el puro hecho de sobrevivir es una heroicidad. Pilar ha conseguido con suma sencillez, cosa que no es sencilla, destejer una telaraña compleja.

EDUARDO PUNSET,
abogado, economista y comunicador científico

La verdadera guerra se libra en tu interior. No eludas la batalla; más bien, todo lo contrario. Véncete a ti mismo y triunfarás en todo momento y lugar.

JUANMA ROCA,
director de comunicación y marca
de Deusto Business School

Enriquecedoras reflexiones y un abanico de posibilidades para sacar lo mejor de nosotros mismos, es decir, la oportunidad para elegir ser héroes cotidianos.

LAURA ROJAS MARCOS,
psicóloga y escritora

La senda de los Héroes Cotidianos muestra nuestra gran capacidad de crecimiento interior de una forma exquisita.

DANIEL ROMERO-ABREU KAUP,
presidente de Thinking Heads

He descubierto que realmente todos tenemos esa potencia, la capacidad de ser héroes, y que el fracaso, de alguna manera, es el camino del crecimiento.

MARTA ROMO,
socia de InnoPersonas y
autora de *La mujer líder*

Éste es un libro extraordinario. Pura y necesaria luz. En él, nos muestra con elegancia, entusiasmo y lucidez que el coraje no es la ausencia de miedo, sino la consciencia de que hay algo por lo que merece la pena que nos arriesguemos, y hace suya aquella bellísima voz de Platón que rezaba «No hay persona, por temerosa que sea, que no pueda convertirse en un héroe por amor».

Álex Rovira,
escritor, conferenciante y consultor

Es un libro que «escuece» y nos obliga a enfrentarnos con lo que más rechazamos de cada uno. Pero si se atreve a leerlo, este libro le ayudará a conocer lo mejor de sí mismo.

Guillermo Sánchez Prieto,
profesor de ICADE

No te quejes más de cómo está el mundo. El mundo necesita héroes cotidianos; tú podrías ser un héroe; puedes ser un héroe; debes ser un héroe, vas a ser un héroe.

Saturnino Suanzes Fernández de Cañete,
capitán de Fragata y profesor de la Escuela Superior de las Fuerzas Armadas (ESFAS)

Te ofrece un espejo para verte y desenmascararte. En estas páginas encontrarás preguntas que te llevan a la reflexión y a descubrir nuevos horizontes, comprendiendo tus sombras y saliendo de los esquemas limitadores.

Miriam Subirana,
escritora y directora de YesOuiSi

Todos guardamos latentes muchas más capacidades de las que somos conscientes. Un tesoro escondido que es necesario utilizar y rentabilizar. Estoy de acuerdo con la tesis fundamental de esta interesante obra: todos podemos ser «héroes cotidianos».

PEDRO LUIS URIARTE,
presidente de Economía, Empresa, Estrategia